Très chère Fleurette,

Depuis les 4 dernières années, tu es bien plus qu'un maître d'armes, tu es un modèle de vie et d'encouragement pour moi.

Bonne lecture !

Avec toutes mes amitiés,

Denyse
xx

Marketing, communication et développement d'affaires en milieu juridique

Denyse Thiffault

Marketing, communication et développement d'affaires en milieu juridique

ÉDITIONS YVON BLAIS
UNE SOCIÉTÉ THOMSON

Catalogage avant publication de Bibliothèque et Archives nationales du Québec et Bibliothèque et Archives Canada

Thiffault, Denyse, 1964-

    Le marketing, la communication et le développement d'affaires en milieu juridique

    Comprend des réf. bibliogr.

    ISBN 978-2-89635-229-6

    1. Cabinets d'avocat – Gestion – Guides, manuels, etc. 2. Cabinets d'avocat – Marketing – Guides, manuels, etc. 3. Cabinets d'avocat – Relations publiques – Guides, manuels, etc. I. Titre.

K129.T44 2008   340.068   C2008-941743-7

Nous reconnaissons l'aide financière du gouvernement du Canada accordée par l'entremise du Programme d'aide au développement de l'industrie de l'édition (PADIÉ) pour nos activités d'édition.

© Les Éditions Yvon Blais Inc., 2008
C.P. 180 Cowansville (Québec) Canada
Tél. : (450) 266-1086   Télec. : (450) 263-9256
Site Internet : www.editionsyvonblais.com

Dépôt légal : 3e trimestre 2008
Bibliothèque et Archives nationales du Québec
Bibliothèque et Archives Canada
ISBN : 978-2-89635-229-6

À mes enfants,
Corinne et Émilien

Remerciements particuliers

Ce livre tire sa source d'inspiration de mon parcours au sein de l'industrie des services professionnels, des rencontres marquantes que j'y ai faites et des amitiés que j'y ai développées.

Il représente pour moi la réalisation d'un rêve qui n'aurait été possible sans l'étincelle de vie que lui a spontanément donnée Bernard Cliche, associé du cabinet d'avocats Langlois Kronström Desjardins, en me guidant de ses généreux conseils tout au long de ce projet, et sans la confiance que m'ont exprimée Louis Bossé et toute l'équipe de Les Éditions Yvon Blais et Thomson Reuters.

Je tiens à remercier mes très chères amies Élaine et Isabel de même que les membres de ma famille pour m'avoir soutenue et encouragée, plus particulièrement ma mère, ma sœur et mon frère, ainsi que mon père pour qui j'ai une pensée toute spéciale car il n'est plus de ce monde.

La couverture de ce livre a été réalisée par Joan Fraser, amie et artiste du design graphique – elle a su transmettre visuellement l'esprit de simplicité et de sobriété de cet ouvrage. À mon complice de l'image, Denis Gendron, photographe, sache que je me souviendrai toujours des fous rires que tu m'as fait vivre malgré tout le malaise que j'éprouve devant une caméra.

Table des matières

Développement d'affaires
Un client ne s'achète pas, il faut le gagner – aussi bien
s'investir personnellement et sincèrement

PARTIE 2

Perspectives d'avenir
Oser créer le changement

Introduction

Ce livre a pour objectif de servir de guide de réflexion pour les organisations œuvrant dans l'industrie des services professionnels et, plus spécifiquement, des services juridiques. J'ai choisi d'en présenter les fondements en m'inspirant largement de mon parcours professionnel au sein d'entreprises de services nationales et internationales et, plus particulièrement, de mon expérience des dernières années à la direction du marketing, du développement d'affaires et des communications de cabinets d'avocats établis tant sur la scène nationale qu'internationale.

Les perspectives d'avenir de la pratique du droit, particulièrement en cabinet privé, dépendent d'habiletés que les praticiens du droit ont tout intérêt à développer afin de profiter pleinement des transformations que l'industrie ne manquera pas de vivre à court et moyen termes. Elles dépendent également d'enjeux fondamentaux sur lesquels les dirigeants devront se pencher pour assurer la survie de leurs organisations.

Car même si les professionnels du droit possèdent de nombreuses habiletés de base et des outils de travail qui leur permettent de développer le marketing de leurs services pour accroître et fidéliser leur clientèle, il reste qu'ils doivent faire face à des enjeux tels qu'une concurrence féroce, un positionnement unique, une approche-client ciblée, la rémunération et la culture du partage d'information.

Cet ouvrage est présenté en deux parties.

La première partie est conçue de façon à proposer une approche structurée et concrète, simple et accessible, afin de permettre d'assimiler des notions de base liées au marketing et à la communication dans une perspective de développement d'affaires. L'approche proposée permet de mettre en pratique des stratégies et des tactiques créatrices de valeur pour les organisations professionnelles.

La deuxième partie vise à brosser un aperçu global des enjeux stratégiques qui confrontent les cabinets d'avocats. Consacrée aux perspectives d'avenir, elle offre quelques pistes de réflexion et courants de pensée pouvant mener à des changements structurels et culturels.

Première partie

MARKETING

Après la pub, le beau temps!

1

L'évolution du marketing dans l'industrie des services professionnels

Un associé d'un cabinet d'avocats me remet un jour une photocopie d'une série de publicités développées au début des années 1990 par son cabinet afin que je prenne connaissance de l'histoire de l'organisation et aussi des premiers pas de cette dernière dans l'affichage publicitaire de ses services juridiques. Visuellement, les publicités illustraient les différents champs d'expertise du cabinet en faisant appel à la mythologie gréco-romaine. Entre autres, le cabinet avait à l'époque une pratique dédiée à l'industrie des télécommunications et celle-ci était illustrée à l'aide du dieu Atlas qui porte la planète sur ses épaules. La pratique du cabinet dédiée à l'environnement était illustrée par le sphynx.

J'ai été frappée par le conservatisme de la symbolique utilisée pour vendre des services juridiques tout en n'étant pas vraiment surprise : après tout, les règles permettant la publicité pour les avocats sont relativement récentes – elles ont été adoptées à la fin des années 1970[1] – et le milieu juridique est plutôt conservateur.

Mais ce qui m'a le plus frappée par la série de documents que m'a remis cet associé est un article publié en mai 1992 par le magazine National de l'Association du Barreau Canadien[2] et à l'endos duquel apparaissait l'une des publicités qu'il m'a montrée. L'article était intitulé « *You* want happy clients? Ask them what *they* want » et commençait en disant que la majorité des avocats jouent un rôle passif dans la communication avec leurs clients en présumant que seule l'exécution parfaite d'un mandat juridique leur fait marquer des points dans leur développement d'affaires.

L'auteur de l'article énonce une série de conseils sur l'importance pour le professionnel de se tenir continuellement informé des attentes du client et de son degré de satisfaction vis-à-vis des services juridiques qu'il lui rend par le biais de questionnaires, de groupes de discussion, ou d'une simple conversation téléphonique. L'article insiste sur le fait que tout professionnel se doit d'être pro-actif pour cueillir le *feedback* du client afin d'offrir un service de grande qualité à sa clientèle et, au besoin, de rajuster le tir en cas de problème. Dans un petit encadré, l'article reprend la citation d'un consultant interrogé par l'auteur et que voici :

"Trying to deal with people without knowing their needs is like trying to learn target shooting while wearing a blindfold.[3]"

L'article souligne que l'information recueillie par le biais d'échanges continus avec le client permet au professionnel de corriger des lacunes au niveau de la qualité de ses services, d'accroître le degré de satisfaction du client, de prévenir toute situation épineuse liée à une mauvaise pratique et d'éviter que le client ne se plaigne à d'autres personnes de son entourage de la piètre qualité de ses services – ce qui serait néfaste quand on considère l'importance du bouche-à-oreille dans l'industrie des services. L'article préconise de ne pas hésiter à interroger d'anciens clients pour connaître les raisons qui les ont poussés à cesser de faire affaire avec eux, histoire d'apprendre de ses erreurs et d'améliorer la prestation de ses services et la qualité de ses échanges relationnels.

Mais c'est la conclusion de l'article qui retient particulièrement mon attention :

"Long term strategic advantage comes from listening to clients.[4]"

L'article date de mai 1992, et de nos jours les mêmes principes demeurent toujours autant d'actualité. De fait, je suis fascinée de voir à quel point les professionnels, et particulièrement ceux du monde juridique, les mettent si peu en pratique dans leur développement d'affaires et qu'en parallèle, plusieurs investissent des sommes aussi importantes en publicité.

Ces dernières années, j'ai eu l'occasion également de contribuer à des études de perception et de positionnement réalisées pour des cabinets de services professionnels, une donnée importante pour statuer sur le positionnement d'une organisation à l'intérieur d'une démarche de planification stratégique. Entre autres, une firme de recherche basée aux États-Unis[5] offre d'année en année aux cabinets d'avocats l'occasion d'évaluer la perception de leurs services et leur positionnement sur leurs marchés respectifs et dans leurs champs de pratique. L'étude a pour objectif d'évaluer le positionnement d'un cabinet par rapport à ses concurrents dans des champs de pratique donnés ainsi que leur performance à l'égard des principaux attributs recherchés par la clientèle d'un cabinet d'avocats.

Une étude de perception et de positionnement[6] réalisée en 2006 par cette firme révèle que, parmi les principaux attributs recherchés par la clientèle d'un cabinet d'avocats, la « qualité de la relation » et la « qualité exceptionnelle du service » sont les éléments qui créent un point d'ancrage entre le client et l'avocat. L'étude note aussi que « la meilleure approche envers un prospect est l'expertise démontrée et le contact personnel ». Enfin, l'étude précise que la « publicité est le dernier critère par lequel un prospect fait le choix d'un cabinet d'avocats ».

En parallèle, l'étude fait ressortir les principaux attributs recherchés par la clientèle de cabinets d'avocats et pour lesquels la performance moyenne des cabinets est inférieure aux attentes des répondants. On y apprend entre autres que les cabinets d'avocats offrent une performance inférieure à la moyenne pour ce qui est d'offrir un service exceptionnel (« Provides outstanding client service ») et d'assurer une communication régulière avec le client sur l'évolution des dossiers (« Keeps you updated when you have work in progress »).

Cette étude remonte à il y a quelques années à peine et encore aujourd'hui, ces constats demeurent d'actualité mais peu mis en pratique par les professionnels.

De toute évidence, l'industrie des services professionnels, et plus particulièrement le milieu juridique, a encore beaucoup à faire pour qu'évolue positivement la pratique du développement d'affaires en s'appuyant sur une bonne démarche marketing et sur une communication adaptée dans un objectif global de création de valeur mesurable tant du point de vue qualitatif que quantitatif.

Plus que tout, les avocats doivent prendre conscience qu'ils œuvrent au sein de l'industrie des « relations » (*relationships*) bien plus qu'au sein de l'industrie juridique.

2

(Re)définir le marketing et ses particularités par rapport aux communications

Dans les quelques semaines qui ont suivi mon arrivée dans un cabinet d'avocats, un associé communique avec moi pour solliciter une rencontre afin de me soumettre un dossier « d'une importance capitale pour sa visibilité ». Comme la demande semble pressante, je me rends immédiatement à son bureau, d'une part pour le rencontrer en personne pour la première fois officiellement et, d'autre part, pour prendre connaissance de sa demande.

Cet associé était on ne peut plus fier de me remettre une série de documents à télécopier, déjà dûment remplis, afin de renouveler une publicité de format carte d'affaires dans le bottin d'une industrie florissante. L'échéance pour confirmer le renouvellement du placement publicitaire était fixée au lendemain.

J'ai pris le temps de consulter le bottin en question. Il s'agissait d'un répertoire de petit format et d'à peu près 400 pages. La publicité du cabinet se trouvait quelque part sur l'une de ces pages, sous une rubrique de services professionnels.

Tout en feuilletant le bottin, j'établissais également la conversation avec cet associé, qui était très fier de la qualité et du dynamisme de son marketing à l'aide de cette publicité qui, du reste, ne lui coûtait vraiment pas cher – quelques centaines de dollars tout au plus. Cette publicité, disait-il, lui accordait une excellente visibilité dans une industrie au sein de laquelle il comptait quelques clients mais qu'il souhaitait continuer de développer.

En fait, de l'avis de cet avocat, faire du marketing, c'était faire de la pub!

Cette affirmation témoigne d'une méconnaissance certaine de ce qu'est le marketing. J'ai compris, grâce à cet exemple et à bien d'autres par la suite, que non seulement les professionnels méconnaissent ce qu'est le marketing, mais que, ce faisant, ils tirent peu profit de ce qu'est la communication.

Le marketing est un processus continu par lequel une unité d'affaires – producteur d'un bien ou fournisseur d'un service – peu importe sa taille, recueille de l'information auprès de, et sur sa clientèle quant à ses besoins et attentes afin d'être en mesure d'y répondre, de les anticiper et d'en évaluer le taux de satisfaction.

Le marketing comprend toutes les informations qui permettent à un professionnel ou à une unité d'affaires de développer la connaissance de sa clientèle actuelle et potentielle (« client intelligence »), de ses besoins, attentes et exigences, afin de pouvoir la convaincre d'acheter son produit ou d'opter pour ses services et ce, à plus long terme possible. En effet, en plus de répondre et d'anticiper les besoins et les attentes des clients, il faut aussi prendre soin de fidéliser la clientèle – un enjeu de taille dans l'industrie juridique qui se concurrence de plus en plus férocement pour conserver la faveur des clients existants et en gagner de nouveaux.

Le marketing va donc bien au-delà des « activités de conception, de fixation du prix, de promotion et de distribution d'idées, de biens et de services »[7] comme le définit l'*American Marketing Association*. Il constitue un « processus continu » qui peut prendre les formes suivantes :

- des échanges avec le client concernant son plan d'affaires, son entreprise et son industrie;

- des recherches sur les bases de données financières et comptables pour colliger le nombre et les noms des clients dans une industrie donnée, les mandats qu'ils confient au cabinet, la date d'ouverture du tout premier dossier, les revenus générés, l'avocat responsable, etc.;

- des recherches dans les médias imprimés et électroniques ainsi que dans des bases de données spécialisées permettant d'être à jour et à la fine pointe des connaissances à propos d'un client ou d'une industrie;

- des rencontres en personne avec le client afin de faire le point sur son degré de satisfaction vis-à-vis de la qualité des services qui lui sont rendus et d'évaluer ses besoins et perspectives futurs pour lesquels l'expertise d'un collègue pourrait lui servir.

Le marketing se distingue des communications, une discipline qui en fait, lui vient en appui comme du reste la fonction communication seconde toutes les divisions d'une organisation, qu'elle soit privée ou publique, dans l'atteinte de ses objectifs stratégiques internes et externes. Autant la communication vient appuyer le président d'une société dans l'élaboration et la diffusion de sa vision et de sa stratégie, ou encore, les services des finances et des affaires corporatives en matière de relations avec les investisseurs, autant la communication vient soutenir la discipline du marketing quand arrive le temps de convaincre un client d'acheter un produit ou de faire affaire avec un prestataire de services plutôt qu'un autre.

Le marketing permet d'identifier, par exemple, qui sont nos clients, depuis combien de temps ils sont desservis, quels revenus ils génèrent d'année en année, quels attributs ils recherchent d'un cabinet d'avocats, etc. Une fois cette information connue, la communication permet entre autres d'élaborer par quels messages clés (arguments de ventes, compréhension des enjeux, illustration de l'expérience à l'aide de cas similaires, etc.) et par quels moyens (invitation à un séminaire d'information, envoi d'une brochure, invitation à un lunch d'affaires, offre de services, et autres) ce client sera sollicité.

L'information qui provient du processus marketing résulte d'un principe de base en communication : l'écoute.

En se plaçant en mode d'écoute et donc, d'ouverture et de réception par rapport à ce qu'un interlocuteur – qu'il soit un individu, une organisation ou une industrie – nous révèle sur ses besoins, ses valeurs, ses projets, ses exigences, ses problèmes, nous sommes en mesure par la suite :

- de distinguer nos différents profils de clientèle actuelle et future (connaissance de la clientèle cible);

- d'adapter notre discours ou notre présentation, tant au niveau du fond que de la forme, au profil de cette clientèle cible (élaboration des messages clés, définition et mise en œuvre des outils et des moyens);

- et, de lui transmettre cette information au moment qui convient le mieux (moment de diffusion).

Le schéma qui suit reprend ces notions en les exposant de façon plus concrète afin d'illustrer les interrelations qui découlent d'une démarche de marketing appuyée par une approche adaptée de communication dans un objectif de développement d'affaires. Les résultats peuvent par la suite être mesurés tant du point de vue qualitatif que quantitatif.

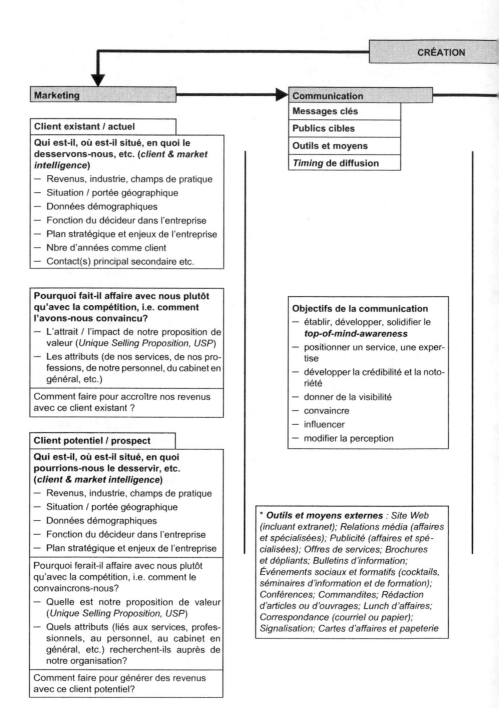

CRÉATION

Marketing

Client existant / actuel

Qui est-il, où est-il situé, en quoi le desservons-nous, etc. (*client & market intelligence*)
— Revenus, industrie, champs de pratique
— Situation / portée géographique
— Données démographiques
— Fonction du décideur dans l'entreprise
— Plan stratégique et enjeux de l'entreprise
— Nbre d'années comme client
— Contact(s) principal secondaire etc.

Pourquoi fait-il affaire avec nous plutôt qu'avec la compétition, i.e. comment l'avons-nous convaincu?
— L'attrait / l'impact de notre proposition de valeur (*Unique Selling Proposition, USP*)
— Les attributs (de nos services, de nos professions, de notre personnel, du cabinet en général, etc.)

Comment faire pour accroître nos revenus avec ce client existant ?

Client potentiel / prospect

Qui est-il, où est-il situé, en quoi pourrions-nous le desservir, etc. (*client & market intelligence*)
— Revenus, industrie, champs de pratique
— Situation / portée géographique
— Données démographiques
— Fonction du décideur dans l'entreprise
— Plan stratégique et enjeux de l'entreprise

Pourquoi ferait-il affaire avec nous plutôt qu'avec la compétition, i.e. comment le convaincrons-nous?
— Quelle est notre proposition de valeur (*Unique Selling Proposition, USP*)
— Quels attributs (liés aux services, professionnels, au personnel, au cabinet en général, etc.) recherchent-ils auprès de notre organisation?

Comment faire pour générer des revenus avec ce client potentiel?

Communication

Messages clés
Publics cibles
Outils et moyens
***Timing* de diffusion**

Objectifs de la communication
— établir, développer, solidifier le ***top-of-mind-awareness***
— positionner un service, une expertise
— développer la crédibilité et la notoriété
— donner de la visibilité
— convaincre
— influencer
— modifier la perception

* Outils et moyens externes : *Site Web (incluant extranet); Relations média (affaires et spécialisées); Publicité (affaires et spécialisées); Offres de services; Brochures et dépliants; Bulletins d'information; Événements sociaux et formatifs (cocktails, séminaires d'information et de formation); Conférences; Commandites; Rédaction d'articles ou d'ouvrages; Lunch d'affaires; Correspondance (courriel ou papier); Signalisation; Cartes d'affaires et papeterie*

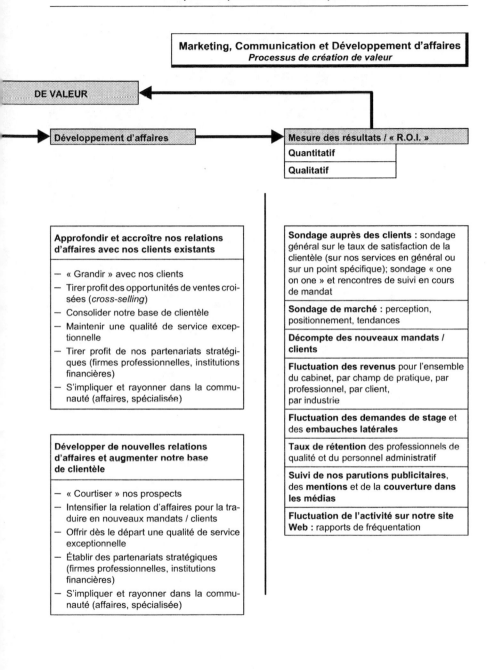

Marketing, Communication et Développement d'affaires
Processus de création de valeur

DE VALEUR

Développement d'affaires

Mesure des résultats / « R.O.I. »

Quantitatif

Qualitatif

Approfondir et accroître nos relations d'affaires avec nos clients existants

— « Grandir » avec nos clients
— Tirer profit des opportunités de ventes croisées (*cross-selling*)
— Consolider notre base de clientèle
— Maintenir une qualité de service exceptionnelle
— Tirer profit de nos partenariats stratégiques (firmes professionnelles, institutions financières)
— S'impliquer et rayonner dans la communauté (affaires, spécialisée)

Développer de nouvelles relations d'affaires et augmenter notre base de clientèle

— « Courtiser » nos prospects
— Intensifier la relation d'affaires pour la traduire en nouveaux mandats / clients
— Offrir dès le départ une qualité de service exceptionnelle
— Établir des partenariats stratégiques (firmes professionnelles, institutions financières)
— S'impliquer et rayonner dans la communauté (affaires, spécialisée)

Sondage auprès des clients : sondage général sur le taux de satisfaction de la clientèle (sur nos services en général ou sur un point spécifique); sondage « one on one » et rencontres de suivi en cours de mandat

Sondage de marché : perception, positionnement, tendances

Décompte des nouveaux mandats / clients

Fluctuation des revenus pour l'ensemble du cabinet, par champ de pratique, par professionnel, par client, par industrie

Fluctuation des demandes de stage et des **embauches latérales**

Taux de rétention des professionnels de qualité et du personnel administratif

Suivi de nos parutions publicitaires, des **mentions** et de la **couverture dans les médias**

Fluctuation de l'activité sur notre site Web : rapports de fréquentation

Voilà la distinction fondamentale qu'il convient d'apporter entre les disciplines du marketing et des communications, et leur apport important au développement des affaires. Telle est également l'approche mise en pratique à travers mon expérience dans une industrie souvent jugée austère et conservatrice mais qui n'en a pas moins vécu ces dernières années une transformation de plus en plus rapide.

Et telle est, enfin, la démonstration que le marketing comme générateur de valeur ajoutée pour le client et pour l'organisation, c'est bien plus que de faire de la pub...

3
Le marketing au service du développement d'affaires

Un jour, dans le cadre d'un processus de préparation d'un plan d'affaires, un associé est venu me consulter pour me demander comment procéder devant une liste de plus ou moins 40 entreprises d'une industrie en pleine croissance, et au sein de chacune desquelles les coéquipiers de son secteur professionnel disposaient d'un contact. Sa question était simple : comment traduire ces contacts en clients ou mandats. Il m'avait invitée à une réunion de son groupe afin que je lui fasse part d'une stratégie d'approche. Voici le plan d'actions qui a été développé :

1. Parmi la liste des quelque 40 noms identifiés, sélectionner les contacts les plus « chauds » c'est-à-dire ceux et celles que nous sommes certains de rejoindre rapidement, ou dans la demi-journée;

2. Identifier si ces entreprises ou contacts sont déjà desservis par le cabinet dans un autre champ de pratique, et identifier les avocats responsables;

3. Identifier si ces entreprises ou contacts sont desservis par des avocats ou cabinets concurrents pour les services que nous

souhaitons leur rendre, en consultant, par exemple, les collègues à l'interne, les rapports annuels et en effectuant de la recherche sur Internet ou dans des bases de données;

4. Obtenir une rencontre avec ces contacts, idéalement sur les lieux de leur entreprise, afin de discuter plan d'affaires, enjeux, préoccupations, priorités, besoins et aussi, pour prendre connaissance de leurs produits et services, des lieux de travail, de leurs clientèles, de leurs collègues de travail, des valeurs de l'entreprise, etc.;

5. Bâtir une présentation adaptée à ce secteur de droit en adoptant une démarche en trois étapes centrée sur la connaissance et la compréhension du client, de son industrie et de ses besoins, la présentation de l'équipe de professionnels et son expertise et expérience à répondre à ses besoins, et en conclusion, une présentation générale du cabinet et des autres services à valeur ajoutée offerts à la clientèle.

La démarche systématique proposée et mise en application auprès de ces prospects a été couronnée de succès, se traduisant en résultats concrets. Combinée à une refonte complète des documents de présentation de services du cabinet, la démarche a en effet permis à ce groupe de professionnels de cibler avec plus de précision une dizaine de prospects « chauds », dans les mois suivant le lancement de l'exercice. Des présentations de services ont été faites à quelques-uns d'entre eux, et rapidement, un bon nombre de ces entreprises ont confié des mandats précis au cabinet. Au cours des mois suivants, d'autres mandats ont été octroyés par d'autres clients ciblés en utilisant la même approche.

La série de présentations ciblées développées à la suite de cet exercice a valu à cet associé, de la part d'un de ses pairs les plus respectés, des commentaires élogieux et l'engagement de la direction d'investir davantage d'efforts dans cette voie.

En fait, cet exemple démontre que le fait pour un avocat de s'intéresser aux enjeux et aux préoccupations d'un prospect, particulièrement lorsqu'une relation de confiance est déjà établie avec l'un de ses collègues, est un facteur clé de succès en matière de développement d'affaires. Les avocats peuvent tabler sur de meilleurs résultats avec leurs prospects et leurs clients s'ils prennent la peine de connaître leur réalité d'affaires et de leur proposer des solutions dans leur langage d'affaires. C'est ainsi aussi que la relation de confiance se cimente davantage entre un avocat et son client. Cet exemple démontre également que, dans de telles situations, les avocats se positionnent comme de bons conseillers d'affaires ayant à cœur les intérêts de leurs clients.

3.1 Développer un bon plan d'affaires

La préparation d'un plan d'affaires est souhaitable à tous les niveaux de l'organisation professionnelle. Autant au niveau individuel qu'au niveau d'un secteur professionnel ou d'un groupe de pratique, le fait de développer une bonne connaissance de notre clientèle actuelle et potentielle, de nos compétences clés, de nos forces par rapport à la concurrence, des revenus qui sont générés par les efforts de développement d'affaires, et des initiatives à mettre de l'avant pour atteindre nos objectifs, permet d'organiser les efforts de toute l'organisation pour que tous travaillent dans le même sens – car le plan d'affaires doit être en ligne avec les orientations stratégiques de l'organisation.

Un plan d'affaires comprend généralement les sections suivantes :

1. Un aperçu de l'unité d'affaires et de son contexte actuel

   - Description de l'unité d'affaires
   - Identification des membres de l'unité d'affaires et de leur spécialisation
   - Principaux facteurs économiques, sociaux et culturels
   - Principaux acteurs (partenaires, fournisseurs)
   - Description de la clientèle
   - Nature du secteur professionnel ou de l'industrie
   - Tendances du secteur professionnel ou de l'industrie
   - Description des services

- Tarification des services
- Facteurs de risque
- Identification de la concurrence
- Forces et faiblesses des concurrents
- Avantages concurrentiels de l'unité d'affaires

2. Vision
   - Définition d'objectifs généraux à long terme, sur un horizon de trois à cinq ans

3. Objectifs
   - Définition d'objectifs à court terme, sur un horizon d'un an

4. Plan de marketing
   - Clientèle et marchés cibles
   - Partenaires cibles
   - Engagement ou politique en matière de service à la clientèle

5. Plan de communication
   - Outils et moyens de communication interne et externe

6. Plan des ressources humaines et technologiques
   - Rôle et responsabilités des membres du groupe
   - Identification des développeurs et des exécutants
   - Identification des ressources administratives
   - Besoins de formation
   - Programmes de mentorat
   - Outils et moyens technologiques

7. Plan d'actions et échéances

8. Évaluation budgétaire

9. Mécanismes de contrôle et de suivi

La première étape vise à brosser un tableau de la situation actuelle ou du contexte d'affaires en posant un regard avisé sur le positionnement actuel d'un groupe de pratique ou d'un professionnel. Cette première partie permet de situer le groupe ou l'individu au moment présent de son développement, ce qui facilite la réflexion quant aux perspectives futures de positionnement et donc, de fixer des objectifs et des moyens pour y parvenir. Le plan d'affaires permet également de suivre l'évolution d'un groupe ou la progression d'un individu à l'aide d'outils de mesure et de suivi car la démarche est similaire dans l'un et l'autre cas. L'information nécessaire à ce stade-ci doit permettre à l'unité d'affaires :

- de dresser la liste des membres qui composent l'unité d'affaires

- d'identifier les compétences clés, les forces, de chaque membre du groupe

- de dresser la liste des principaux clients

- d'analyser les revenus générés par professionnel et par secteur

- d'identifier la concurrence, ses forces et ses faiblesses

- d'identifier des partenaires d'affaires et de décrire la complémentarité de leurs services et leur valeur ajoutée

- de déterminer le(s) facteur(s) clé(s) qui différencient l'unité d'affaires par rapport à la concurrence

- de décrire ou de revoir la tarification des services

- d'identifier des facteurs de risque liés, par exemple, au déploiement géographique d'une unité d'affaires, aux particularités de la pratique du droit dans certaines régions

- de connaître les tendances du secteur professionnel ou de l'industrie dans lequel œuvre l'unité d'affaires

Pour dresser ce portrait, il faut pouvoir s'appuyer sur de l'information primaire et secondaire. En voici quelques exemples, et comment obtenir cette information :

Donnée primaire

- Obtenir la liste des clients actuels et potentiels

- Consulter les collègues à l'interne

- Consulter les clients actuels et potentiels (par sondage ou en personne)

- Discuter avec des fournisseurs ou des partenaires

- Utiliser les services de consultants spécialisés

Donnée secondaire

- Consulter des sources d'information sur le Web offrant des statistiques et des tendances d'industries[8]

- Naviguer sur les sites Web de la concurrence

- Consulter les rapports annuels des clients actuels et potentiels[9]

- Consulter les médias et interroger les répertoires d'affaires et spécialisés, tant imprimés que Web[10]

- Consulter des regroupements de gens d'affaires, des syndicats, des associations, des organismes de charité, ou autres.

La deuxième étape consiste, pour l'unité d'affaires, à définir une vision à long terme de son développement et de son positionnement, disons d'ici les trois à cinq prochaines années. À cette phase-ci, l'unité d'affaires élabore un ou des objectifs généraux qu'elle souhaite atteindre. La question est de savoir « comment le groupe souhaite se positionner ou se développer d'ici trois à cinq ans », ou, « où voulons-nous être dans trois à cinq ans d'ici? ». En général, cette section donne lieu à des énoncés de mission généraux tels que :

Notre groupe de pratique vise à devenir le groupe prédominant (d'une région géographique, d'une localité, à l'international) pour les dossiers de (secteur professionnel);

Notre groupe de pratique vise à atteindre x % de parts de marché à (ville, région géographique) dans le domaine du (secteur professionnel);

Je souhaite me positionner comme un expert sur les questions de (secteur professionnel) et comme conférencier.

L'étape suivante sert à fixer des objectifs réalistes, réalisables et mesurables sur une période de 12 mois. Pour atteindre sa grande mission, un groupe de pratique doit se fixer des objectifs à plus court terme en découpant, en quelque sorte, sa vision en plus petits objectifs. En général, c'est à ce stade-ci que les plans d'affaires faillissent : les objectifs sont soit trop nombreux, trop ambitieux, pas assez précis, soit carrément irréalistes. La simplicité et la rigueur sont de mise. Il est inutile de se doter de plusieurs objectifs – de un à trois sur une année suffisent amplement. Aussi, pour qu'un objectif puisse être suivi et mesuré, il doit pouvoir s'énoncer de façon concrète et factuelle.

À l'étape quatre, en lien avec les objectifs court terme précédemment déterminés, l'unité d'affaires précise ses cibles de clientèle et de marchés de même que, s'il y a lieu, les partenaires qui seront éventuellement ciblés dans une perspective, entre autres, d'offre de services multidisciplinaires. Si l'unité d'affaires est au stade du démarrage de ses activités, l'information tirée des données primaires et secondaires sur un potentiel de marché ou sur les tendances d'un secteur professionnel lui permettra d'identifier des entreprises ou des contacts spécifiques auprès de qui entreprendre une démarche de développement d'affaires.

Vient ensuite l'identification des outils et des moyens de communication interne et externe qui appuieront l'unité d'affaires dans sa démarche de marketing et de positionnement en général. À partir de la connaissance des attributs que recherche la clientèle et des forces distinctives de l'unité d'affaires, le groupe est en mesure d'élaborer les principaux messages qui serviront à convaincre la clientèle cible de faire affaire avec celui-ci. De même, la forme que prendra cette communication se précisera selon la formule la mieux adaptée à la réalité d'affaires de la clientèle visée et aux objectifs du groupe en termes de positionnement et de visibilité dans une industrie ou un secteur professionnel.

L'étape six permet à l'unité d'affaires de définir ses besoins en termes de ressources humaines et technologiques. Au stade de démarrage, une unité d'affaires n'a pas forcément les mêmes besoins qu'un groupe en pleine expansion. Aussi, la composition du groupe pour ce qui est de ses développeurs, des exécutants, des expertises, des groupes d'âge ou du personnel administratif de soutien peut varier dans le temps et l'unité d'affaires doit être en mesure d'évaluer le plus justement possible à quels niveaux d'expertise elle aura recours pour développer ses activités, se maintenir à la fine pointe de la connaissance de ses clients et de ses marchés, et exécuter avec grande qualité les mandats qui lui sont confiés. De même, les exigences technologiques sont exposées dans cette partie car l'unité d'affaires doit être adéquatement outillée pour être alimentée sur une base continue, par exemple, des dernières nouvelles concernant la clientèle visée, et pour assurer des échanges optimaux avec celle-ci en cours d'exécution de mandat, par exemple en mettant à la disposition des clients un extranet. Le responsable de l'unité d'affaires sera par conséquent mieux à même de gérer la qualité du service à la clientèle et des communications avec celle-ci, la répartition des responsabilités et des mandats au sein de son équipe, et la profitabilité de son groupe.

Par la suite, le plan d'actions détaille comment le groupe entend atteindre ses objectifs de la prochaine année en fonction d'un échéancier. Les outils et moyens identifiés aux étapes précédentes sont repris et associés à un délai fixe dans le temps de même qu'à un responsable pouvant être identifié par le groupe ou le chef de l'unité d'affaires. C'est un bon moyen d'assurer l'adhésion des membres à la réalisation des objectifs, de leur permettre de s'approprier le plan d'affaires et d'assurer une forme d'imputabilité au sein du groupe.

L'unité d'affaires est maintenant prête à chiffrer ses besoins pour chaque élément du plan d'actions, et à établir également de quelle façon elle suivra la progression du plan d'affaires à l'aide de mécanismes qualitatifs et quantitatifs de suivi et de contrôle comprenant, entre autres, la fluctuation des revenus et de la profitabilité, le nombre de nouveaux clients et mandats générés, l'indice de satisfaction de la clientèle, le taux de rétention de ses ressources, la performance des outils technologiques, le taux de fréquentation du site Web et les rapports de couverture média. Il n'y a rien de plus valorisant et de plus motivant, en effet, que de suivre la progression d'un groupe ou d'un professionnel dans son secteur de compétences. Le fait de prendre du recul et d'analyser le chemin parcouru permet de se rassurer dans une démarche de positionnement et de développement, peu importe que ce soit à l'échelle d'un groupe de pratique ou d'un individu. Cela permet de faire le point sur ce qui a bien ou moins bien fonctionné, et d'apporter des correctifs. Cela permet d'encadrer les efforts et les énergies consacrés à une meilleure connaissance des clients, à une anticipation de leurs besoins qui colle davantage à leur réalité et qui favorise le développement d'une relation de confiance plus solide. Pour assurer un suivi optimal des objectifs et des moyens déployés pour les atteindre, il est recommandé d'établir une mécanique qui soit à la fois régulière dans le temps et flexible. En d'autres termes, il est important de suivre régulièrement le plan d'affaires tout en étant conscient qu'il faut appliquer les échéanciers avec souplesse compte tenu des exigences de la pratique privée.

Bien que l'exercice de préparation d'un plan d'affaires puisse sembler fastidieux, celui-ci a tout avantage à rester simple autant dans sa forme que dans son contenu. Mieux vaut franchir de petites étapes avec succès que de rater la marche parce qu'elle est trop haute.

3.2 Le marketing de soi-même

Le marketing de soi-même commence par la connaissance de soi-même.

Lorsque de jeunes professionnels me consultent pour savoir comment et par où commencer dans le développement de leur réseau et de leur carrière, je leur propose de dresser d'abord sur une feuille la liste de leurs habiletés, de leurs talents et de leurs champs d'intérêt. Avant même de leur suggérer des regroupements ou des associations où ils pourraient s'impliquer et des marchés potentiels à explorer, il m'apparaît important qu'ils apprennent d'abord à reconnaître leurs forces et leurs intérêts pour les guider dans leurs choix d'implication, de réseautage, de tribunes de conférences, de sujets d'articles, etc. Selon leurs intérêts, ils pourront par exemple cibler des regroupements liés aux sports ou aux arts, et s'impliquer de façon beaucoup plus intéressée – et intéressante – dans des comités ou pour des événements particuliers. Autre exemple : ils pourront se servir de leur force en rédaction pour se consacrer plus aisément à la rédaction d'un article ou d'un ouvrage spécialisé.

La démarche du marketing de soi-même s'inscrit dans la même logique que la démarche de marketing pour la clientèle. Bien se connaître révèle les points d'intérêt sur lesquels les jeunes professionnels peuvent s'appuyer pour bâtir une communication personnalisée qui leur permettra de se faire valoir de façon crédible et authentique dans leur développement d'affaires.

Le marketing de soi-même sert également beaucoup les jeunes professionnels au sein même de leur organisation. Au début de leur carrière, les jeunes doivent consacrer des efforts importants à établir des relations de confiance avec leurs propres collègues à l'interne. L'associé qui confie un mandat à un avocat salarié devient ni plus ni moins le client avec qui il est important d'assurer une bonne qualité de service et de maintenir une bonne relation de confiance. C'est sur la base de ce lien de confiance à l'interne, conjugué à la qualité de ses services, qu'un jeune professionnel contribue à son rayonnement et à sa crédibilité au sein de l'organisation pour laquelle il travaille.

Pour les jeunes professionnels, la connaissance de soi comprend également la connaissance de son milieu et de son entourage comme point de départ du développement de son réseau de contacts. Les ami(e)s, les collègues d'étude, la famille constituent autant de ressources vers qui se tourner pour connaître de nouvelles personnes avec qui démarrer des relations d'affaires, demander conseils, et se faire connaître. En fait, il faut commencer quelque part afin de bâtir un réseau de contacts qui sera fidèle aux jeunes professionnels tout au long de leur vie. Et le plus tôt on commence à bâtir ce réseau, le meilleur celui-ci deviendra au fil des ans.

Dans le fond, se connaître soi-même permet d'orienter dès le départ dans la bonne direction le développement de son réseau de contacts et la progression de sa carrière. Le fait de s'y investir de façon authentique et intéressée est aussi nettement plus enrichissant et durable en retombées personnelles et professionnelles.

COMMUNICATION

Le « savoir » écouter

1

Les notions fondamentales de la communication

On associe souvent la communication au verbal et à l'écrit. Pour plusieurs, un bon professionnel des communications se remarque par ses talents d'orateur et de rédacteur. Ce n'est pas totalement vrai et ce n'est pas totalement faux car un mauvais communicateur n'arrivera jamais à livrer le meilleur des messages.

En fait, la plus grande force d'un bon communicateur est sa capacité d'écoute. Par l'écoute, j'entends un sens plus large que la détection par le son de ce qui se dit ou ce qui se passe : la notion d'écoute englobe la capacité d'entrer en interrelation avec les autres, en se plaçant en mode d'ouverture par rapport à soi-même et envers les autres.

1.1 Savoir écouter pour mieux communiquer

La notion d'écoute en communication est une notion fondamentale qui s'applique à des milliers d'exemples dans notre vie privée comme dans notre vie professionnelle. Elle constitue le point de départ de tout contact humain.

Savoir poser des questions ouvertes et savoir écouter les réponses de façon intéressée afin d'amorcer une conversation dynamique et enrichissante est une habileté qui s'apprend et se développe. Lors d'un événement social, en pleine réunion d'affaires et dans la pratique quotidienne du développement d'affaires, elle prend tout son sens car en intégrant cette notion et en la mettant en pratique, les professionnels :

- amorcent un processus par lequel ils déplacent l'attention sur la personne devant eux plutôt que sur eux, ce qui permet à l'interlocuteur de sentir qu'on s'y intéresse sincèrement;

- se placent dans une attitude favorable pour capter et décoder les besoins et les exigences de cette personne, cliente éventuelle de ses services;

- découvrent ou apprennent à mieux connaître l'entreprise ou l'industrie du client qui lui fait face, en s'initiant à son langage d'affaires;

- projettent une bien meilleure image que lorsqu'ils parlent uniquement d'eux-mêmes, de leur « beau et grand cabinet », de leur expertise et des grandes causes qu'ils ont gagnées – un discours aux antithèses des réels besoins du client et qui trop souvent, alimente la perception voulant que les avocats soient coûteux – après tout, ça coûte cher des « beaux et grands bureaux » –, verbeux et imbus d'eux-mêmes.

Mettre en pratique l'écoute s'avère tout un défi quand on connaît la propension proverbiale des avocats à s'exprimer. Mais un défi fort stimulant tout de même car cette dimension de sensibilisation auprès des avocats génère rapidement des résultats concrets et appréciés. De fait, les professionnels qui mettent en pratique une attitude d'écoute parviennent à mieux saisir la perspective d'une entreprise et à communiquer avec le client dans son langage.

Plus que l'exécution technique d'un mandat, les clients apprécient fortement cette approche car elle les place en situation de confiance vis-à-vis de l'avocat. Lorsqu'un professionnel exprime sa compréhension de la réalité d'affaires du client, ce dernier se sent rassuré sur sa capacité à bien le desservir. L'exécution technique du mandat est importante, mais elle n'arrive pas au premier rang des facteurs par lesquels les décideurs choisissent leurs avocats. L'écoute permet d'établir dès le départ des liens crédibles, ce qui est de bon augure pour l'établissement de relations de confiance de longue date et prometteur en termes de ventes croisées (*cross-selling*).

1.2 Le public cible – définir à qui l'on s'adresse et s'adapter à son auditoire

Le public cible est constitué des personnes ou des organisations que vous souhaitez rejoindre par vos efforts de développement d'affaires et à qui vous vous adressez pour vendre vos services. Il est important de le définir de la façon la plus précise possible dès le départ d'une stratégie de communication – d'où la notion de « cible ». Si votre public cible n'est pas défini clairement ou encore, s'il est trop large ou trop flou, vous courez le risque d'éparpiller inutilement vos efforts – et donc, de « rater la cible ».

Le public cible est interne ou externe :

- Le public interne est généralement compris par vos pairs au sein du cabinet, les employés, les membres de la direction, etc.

- Le public externe est habituellement constitué de la clientèle actuelle et potentielle, des partenaires d'affaires, des fournisseurs, des compétiteurs, des médias, etc.

Il existe un type de public pour un cabinet d'avocats qui peut être classé à la fois comme cible interne et externe : les anciens (*alumni*). Le milieu juridique est particulièrement soucieux du maintien de ses relations avec les professionnels qui ont consacré une partie, voire la totalité, de leur carrière dans leurs rangs. Les anciens œuvrent en entreprise, sont à la retraite, poursuivent leur carrière dans la magistrature ou encore, se retrouvent dans un cabinet concurrent. En général, les cabinets d'avocats apportent un soin particulier à entretenir ce lien privilégié à l'aide parfois de programmes soigneusement élaborés comprenant entre autres des événements sociaux de prestige tous les trois ou cinq ans et l'envoi de bulletins d'information permettant aux anciens de maintenir leur lien d'appartenance envers l'organisation où ils ont exercé leur pratique, que ce soit pour une partie ou toute la durée de leur vie professionnelle.

Dans le cadre d'une initiative de développement d'affaires, il faut bien définir son public cible et comprendre ses particularités et ses attentes de façon à choisir les outils et les moyens de communication et les techniques de vente appropriés pour le convaincre de faire appel à nos services.

Pour l'avocat, le public cible principal est le plus souvent sa clientèle actuelle ou potentielle. Il s'agit le plus souvent d'individus occupant des fonctions de décideur au sein d'une organisation œuvrant dans un secteur d'activités donné. Les données concernant le public cible deviennent donc de l'information de toute première importance qui permettra de segmenter cette clientèle et d'adapter de façon plus pertinente la communication de vente : offre de services, conférences ou ateliers de formation.

1.3 Les messages clés – définition, mémorisation et interprétation

Un message clé est un élément d'information, une idée que l'on souhaite transmettre à notre public cible et retenu par celui-ci. C'est la synthèse d'une série d'informations ou d'idées, une synthèse qui par les chiffres, le constat ou les faits qu'elle expose, offre un contenu succinct et sensé.

> Un message clé, c'est une idée simple à retenir et qui résume l'essentiel d'une information ou d'une idée que l'on veut faire passer.

Définir un message clé, c'est l'équivalent de mimer une expression par la gestuelle du corps. Par exemple, le mouvement de lever le pouce vers le haut signifie une appréciation et pour une personne qui capte ce mouvement de ses yeux, cela peut signifier, dans ce contexte, une appréciation de la performance sportive qu'elle vient d'accomplir ou de la qualité d'un document qu'elle vient de remettre.

Dans le cadre de la préparation d'une conférence ou de la rédaction d'un communiqué de presse, le simple fait de se questionner quant au principal message que l'on souhaite transmettre favorise le développement d'un contenu pertinent et de valeur. Les éléments de la présentation à aborder se définissent plus rapidement, de même que les arguments invoqués dans un communiqué de presse. Pourquoi? Tout simplement parce qu'un message clé, une fois défini, assure la cohérence et la cohésion du message dans son ensemble. Tous les éléments d'une présentation et les arguments du communiqué de presse convergent dans le sens de ce message clé.

> Plus le message clé est défini clairement, simplement et succinctement, moins sa diffusion laisse place à interprétation et plus le fait de le répéter favorise sa mémorisation – principe élémentaire en publicité.

Toutefois, pour l'individu qui reçoit le message, plusieurs éléments peuvent en influencer l'interprétation : la personnalité ou l'état d'esprit de cet individu, le contexte ou l'environnement dans lequel le message est diffusé, le ton de la voix de la personne qui émet le message, le vocabulaire utilisé, le support écrit ou verbal emprunté pour la diffusion, la gestuelle du corps (le *body language*) ne sont que quelques exemples. Du point de vue de la personne qui capte le message, l'interprétation s'appuie sur le sens qu'elle lui prête sans que ce soit nécessairement le sens que lui confère la personne qui le diffuse.

L'inverse est tout aussi vrai puisque l'individu qui diffuse le message peut, lui aussi, influencer son interprétation à l'aide de ces mêmes moyens. Du point de vue de la personne qui diffuse le message, l'interprétation s'appuie sur le sens qu'elle lui donne sans que ce soit forcément le sens que lui prête la personne qui le capte.

> Le message, tant dans sa transmission que dans sa réception, est à la fois objectivité et subjectivité.

C'est ce qui explique qu'il arrive d'être soudainement projeté – pour ne pas dire, aspiré – dans l'univers de la perception. Un univers complexe qui se nourrit malheureusement trop bien de rumeurs, de ouï-dire, de qu'en dira-t-on, ou d'associations d'idées et de concepts les uns parfois plus farfelus que les autres.

1.3.1　La perception, c'est la réalité

La perception, c'est « l'action ou le fait de percevoir par les sens et par l'esprit »[11]. La réalité, elle, est le « caractère ce qui est réel, de ce qui existe effectivement »[12].

Dans le domaine de la communication et, plus particulièrement, lorsqu'il est question de promotion et de publicité, on entend souvent dire que la perception, c'est la réalité.

C'est que la communication est un art, et non une science exacte. Elle fait appel à un état de faits, à une réalité, dont on diffuse la teneur par des moyens et des outils qui seront captés par des individus ou par des groupes d'individus teintés de leur propre émotivité, de leur éducation, de leurs croyances, de leurs valeurs, de leur personnalité, de leur propre contexte en regard de l'information communiquée.

Dans tous les cas où les professionnels de la communication ont à communiquer des faits, les résultats en termes de perception peuvent varier en fonction de chaque individu car, comme on le voit, les critères qui permettent de capter un message diffèrent d'une personne à l'autre.

Chose certaine, toute action de communication qui vise à embellir ou à ternir un fait porte un potentiel d'écart de perception par rapport à la réalité. Les fabricants d'image en savent quelque chose.

Personnellement, je demeure convaincue qu'une communication responsable – même pour reconnaître nos torts –, respectueuse, professionnelle et rigoureuse est garante de succès à long terme car elle permet de diffuser des messages qui se rapprochent davantage de la réalité, conférant ainsi à l'émetteur une plus grande crédibilité. C'est la recommandation que je formule au premier chef tant pour des annonces heureuses qu'au plus fort d'une gestion de crise.

1.4 L'importance du moment de diffusion (timing)

Tant au niveau de nos communications avec l'externe qu'avec l'interne, il est important de bien choisir le moment de diffusion, le bon *timing*, pour assurer un degré optimal de rétention du message. Pour choisir le bon moment de diffusion, il faut disposer d'une vue d'ensemble qui comprend, dans la mesure du possible, toutes les initiatives de communication en cours et à venir de façon à favoriser le plus possible la transmission et la réception « cinq sur cinq » d'un message.

Voici les éléments à considérer dans la transmission et la réception d'un message :

- le public cible;

- l'identification des messages clés;

- les facteurs qui peuvent influencer leur diffusion et leur réception;

- la connaissance de l'environnement dans lequel cette communication s'inscrit et des courants ou autres éléments d'actualité qui peuvent l'influencer.

En termes de relations avec les médias par exemple, les stratégies de diffusion sont les plus efficaces en retombées de couverture de presse tôt le matin, les jours de semaine, à l'exception du vendredi. Entre autres parce que c'est le moment le plus propice de la journée où les salles de nouvelles déterminent les éléments de l'actualité qui retiendront l'attention des bulletins de nouvelles des prochaines heures, de la fin de la journée ou du journal du lendemain.

Si, au contraire, on souhaite attirer le moins possible l'attention sur la nouvelle que nous nous apprêtons à diffuser – entre autres, dans le cas des obligations de divulgation d'information auxquelles sont assujetties les sociétés cotées en bourse –, les moments de diffusion les plus propices se situent quelque part entre le vendredi en soirée et le dimanche en fin de journée, ou encore en plein mois de juillet, alors que les salles de nouvelles fonctionnent en général à personnel réduit. Encore que sur ce dernier point, certains journalistes sont très habiles à suivre de près les sociétés publiques et leur comportement de diffusion de nouvelles durant les week-ends ou les vacances estivales.

Au niveau de nos échanges avec le personnel interne, c'est la même chose. Les annonces internes faites par la direction d'une organisation ont intérêt à s'inscrire dans un plan global de communication interne afin que des messages spécifiques soient véhiculés au meilleur moment possible de façon à en assurer une transmission et une réception adéquates. Une vue d'ensemble de nos communications internes – nominations, embauches, départs, mise en œuvre de nouvelles politiques, etc. – facilite grandement la diffusion et la réception des nouvelles d'intérêt pour les membres du personnel.

Sur le plan du développement d'affaires, le fait de choisir le bon moment d'intensifier une relation d'affaires est tout aussi important pour traduire celle-ci en nouveaux mandats ou en nouveaux clients. Aussi, savoir user au bon moment de ses habiletés relationnelles permet au professionnel de convaincre et d'influencer le client de son expertise et d'obtenir des mandats.

Pour déterminer le meilleur moment de présenter une offre de services à une relation d'affaires en développement, voici quelques indications utiles :

- le contexte du développement de la relation d'affaires : s'il s'agit d'un prospect référé par une relation de confiance commune, le *timing* de la transmission du message est relativement court. S'il s'agit d'un décideur rencontré lors d'un événement social organisé par une organisation de gens d'affaires et que le professionnel invite une à deux fois par année à un lunch, si aucun mandat n'a découlé après 18 ou 24 mois, vous avez peut-être raté un bon *timing*. Si c'est le cas, jouez le tout pour le tout en posant la question suivante à votre prospect : « ça fait plus d'un an que nous nous côtoyons et que tu me parles de ton organisation et de ses défis stimulants. J'aimerais beaucoup contribuer à la croissance et aux succès de ton entreprise, en travaillant de très près avec toi et la direction. Comment me suggères-tu de procéder pour présenter mes services? ». Il s'agit d'écouter la réponse et d'adapter la démarche subséquente.

- l'état de proximité de la relation : une façon de mesurer le degré de réceptivité est de vous poser la question suivante : si j'appelle ce prospect, me rappellera-t-il assurément dans l'heure qui suit, ou la demi-journée qui suit, ou encore d'ici les prochaines 48 heures? C'est une façon de mesurer la proximité, ou la distance, qu'un prospect entretient avec un professionnel.

Il peut aussi arriver de rater son *timing*. Par exemple, lorsqu'un professionnel doit développer un document de présentation en réponse à un appel d'offres, il se peut qu'il ait raté, dans le passé, une belle occasion de diffuser un message convaincant. Qu'il s'agisse d'un client existant qui recherche un professionnel d'un autre secteur de droit, ou d'un prospect avec lequel l'avocat a établi des échanges depuis un certain temps, certains appels d'offres sont autant d'occasions d'affaires – de *timing* d'affaires – ratées de la part des professionnels qui n'auraient pas su déceler à l'avance les besoins du client. Lorsqu'un professionnel est véritablement à l'écoute des préoccupations de l'entreprise, de l'industrie et de l'évolution des besoins d'un client ou d'un prospect, il est en mesure d'anticiper un réel besoin et de prendre action à l'avance – en d'autres termes, d'être pro-actif. Il faut, dans de tels cas, provoquer un moment de diffusion pour convaincre. C'est un *timing* qui peut mener à un lunch d'affaires ou à une rencontre avec un collègue d'un autre champ de pratique. Et c'est un *timing* qui permet à votre client de se rassurer une fois de plus qu'il a eu raison de vous faire confiance.

2

Les principaux outils et moyens de communication utiles au développement d'affaires

Il existe de nombreux outils et moyens de communication servant à supporter les initiatives de développement de la clientèle. J'ai choisi d'en présenter quelques-uns de façon un peu plus détaillée, à savoir :

- l'offre de services;

- la rédaction d'articles, d'ouvrages et les présentations de conférence;

- les relations de presse;

- les événements à caractère social;

- et la publicité.

J'ai opté pour ceux-là principalement parce qu'ils ont subi ces dernières années, et continueront de subir dans les années à venir, des transformations importantes tant dans leur forme que dans leur contenu. De plus, certains de ces outils et moyens comptent pour une bonne part des budgets consacrés au marketing, à la communication et au développement d'affaires dans les organisations professionnelles.

2.1 L'offre de services à valeur ajoutée

Mon expérience à la direction du marketing, du développement d'affaires et des communications de cabinets d'avocats m'a permis à plusieurs reprises de revoir le processus d'offres de services, ce qui m'a donné l'occasion de jeter un œil critique sur les façons de faire quand vient le temps de présenter les services d'un avocat, d'un groupe de pratique et d'un cabinet dans son ensemble. J'ai observé que les professionnels ont tendance à écarter la concision et à mettre l'accent sur des généralités qui ne collent pas nécessairement à la réalité et aux enjeux d'affaires des clients à qui s'adresse une offre de services. Cela m'a permis de constater à quel point les professionnels tiennent souvent à présenter des documents plus volumineux que nécessaire. De fait, les offres de services des cabinets professionnels font généralement valoir :

- la « taille importante » de l'organisation professionnelle – la quantité de professionnels n'est pas forcément garante de la qualité du service;

- le nombre « impressionnant » de bureaux à l'échelle d'un pays ou d'une région géographique – le client, lui, peut n'être intéressé qu'à la connaissance qu'un professionnel peut avoir de ses enjeux dans sa localité;

- le « grand nombre de professionnels » pratiquant dans « tous » les champs de pratique – l'absence de facteurs distinctifs ne permet pas de faire ressortir des forces particulières au cabinet, ou encore d'établir un positionnement unique par rapport à la concurrence;

- leur « expertise » dans « tous les secteurs » – un cabinet ou un professionnel ne peut être bon en tout;

- une suite de notes biographiques « copiées et collées » provenant en fait de l'information disponible sur le site Web – le client a probablement déjà consulté le site Web et souhaite plutôt que le professionnel lui expose son expérience concrète adaptée à des cas similaires au sien.

À part cela, on trouve peu d'information sur le client visé et ce, même si celui-ci fait déjà affaire avec le cabinet.

De même, on y trouve peu de réflexion ou de synthèse sur les éléments clés de la compréhension du cabinet en regard des enjeux du client, sa connaissance de son entreprise et de son industrie, et la façon ou la stratégie avec laquelle les avocats comptent solutionner le problème en jeu.

Or, des études[13] réalisées par une firme de sondages américaine spécialisée dans l'industrie juridique démontrent que « la connaissance du client, de son organisation et de son industrie » figurent parmi les principaux attributs recherchés par la clientèle lorsqu'elle fait affaire avec un avocat.

Une nouvelle approche s'impose afin d'augmenter le taux de succès des offres de services. Voici une procédure d'offre de services, en cinq étapes, qui peut être mise en application :

1. *Dédier la première partie à la connaissance du client ciblé, de son industrie et de son entreprise, et à la compréhension de ses enjeux et de ses besoins.*

Cette partie est assurée par une recherche exhaustive et de qualité dans des bases de données, ainsi qu'une analyse des résultats. S'il s'agit d'un client existant, les systèmes financiers et comptables de l'organisation indiqueront une bonne part des renseignements liés à la connaissance de ce client et des services qui lui sont actuellement rendus. Un engin de recherche sur Internet, tel que Google ou Yahoo![14], et le site Internet du client ciblé livrent également une foule de données.

Lorsqu'un professionnel se donne la peine de rencontrer un client potentiel sur les lieux de son entreprise afin de comprendre sa réalité d'affaires et ses besoins, la démarche de proposition de services prend davantage de sens aux yeux du client. À ce premier stade du processus, on ne saurait trop insister sur l'importance de prendre la bonne habitude de discuter d'abord avec le client, et de préférence en personne, avant de présenter un document pour présenter ses services. La présentation d'un document générique – comme c'est couramment le cas, encore de nos jours, par les cabinets d'avocats – a peu de valeur aux yeux d'un client qui souhaite qu'on lui parle dans son langage d'affaires des solutions à ses propres enjeux. De fait, il arrive souvent qu'une simple lettre de présentation relatant la compréhension des besoins et proposant des solutions adaptées marque davantage de points auprès des clients pour obtenir des mandats.

Une autre façon de recueillir de l'information pertinente à propos d'une démarche de développement d'affaires par offre de services est l'envoi, par courriel par exemple, d'un avis interne aux pairs, les invitant à transmettre toute information pouvant contribuer à l'obtention du mandat ou alimenter votre connaissance du client visé.

2. *Consacrer la deuxième partie au positionnement du professionnel ou d'un groupe de pratique comme conseillers d'affaires.*

Dans cette section, il est important de faire valoir l'expertise non seulement juridique mais d'autres disciplines, s'il y a lieu. Plus concrètement, lorsque des professionnels en pratique privée ont déjà, dans le passé, occupé des fonctions administratives au sein d'une organisation de taille similaire ou de la même industrie que celle qui est visée par une offre de services, il est tout à fait judicieux de faire ressortir cette expérience car elle témoigne au client visé d'une connaissance pratique de sa réalité d'affaires. Entre autres, dans le domaine des sciences de la vie, il est courant de rencontrer des professionnels ayant une formation et une expérience liées à la science. D'autres professionnels encore possèdent à la fois une formation juridique combinée à une formation en administration des affaires. Voilà quelques exemples concrets qui permettent à l'avocat de se positionner comme un conseiller stratégique au fait des multiples dimensions de la réalité d'affaires d'une entreprise et qui vont au-delà de la pratique du droit.

3. *Présenter le cabinet de façon plus générale et décrire brièvement d'autres services à valeur ajoutée.*

Cette section est ni plus ni moins que la carte de visite du cabinet. Dans les présentations traditionnelles, c'est la partie que l'on retrouve habituellement au début de l'offre de services. En la déplaçant plutôt à la fin de la proposition de services, le client visé, une fois qu'on lui expose adéquatement notre compréhension du mandat et nos stratégies pour solutionner ses problèmes, sait qu'il aura aussi accès à une série de services complémentaires pouvant être d'intérêt pour lui et son entreprise, et ce, à plus long terme.

Habituellement, ces services à valeur ajoutée sont l'inscription du client à des séminaires d'information et à des ateliers de formation, le plus souvent offerts à titre gracieux, sur les spécialisations du droit qui correspondent à ses besoins et aux services que le cabinet lui rend. Le client peut aussi se voir offrir gracieusement l'envoi de bulletins d'information sur des sujets d'intérêt. Il peut aussi être invité, de temps à autre, à des événements à caractère social, tels que cocktails et tournois de golf, où le cadre des échanges devient plus informel et plus propice à raffermir sa relation avec le professionnel qui le dessert.

4. *Planifier une séance de répétition – le dry run.*

Comme les comédiens répètent au théâtre avant la présentation d'une pièce, le *dry run* est l'étape qui permet aux avocats de préparer et répéter leur présentation avant de rencontrer un client. De toute la procédure suggérée, c'est l'étape la moins suivie et pourtant la plus importante lorsqu'un processus d'offre de services requiert une présentation devant le client. C'est souvent le manque de temps qui est invoqué pour justifier l'omission de cette étape. En général, les avocats estiment se débrouiller assez bien par eux-mêmes pour ce qui est de rencontrer un client la première fois. Mais de nombreux conseillers juridiques d'entreprises ne sont pas de cet avis, estimant plutôt que les présentations les plus réussies sont celles où le niveau de confort des présentateurs témoigne d'un bon degré de préparation.

Il suffit de quelques minutes à une couple d'heures, selon la complexité d'un dossier à présenter, pour qu'un groupe de professionnels se réunisse afin de revoir les éléments du dossier, déterminer la nature des interventions et établir l'ordre dans lequel chaque intervenant prendra la parole. La préparation de quelques notes par chacun permet de ne pas oublier d'éléments importants à soulever durant la présentation. Les échanges qui se tiennent dans le cadre d'une rencontre de préparation offrent aussi l'occasion d'ajuster le discours de chacun. Ils permettent, enfin, de corriger à l'avance la façon de se présenter en ouverture de rencontre ainsi que la gestuelle, le débit de parole et le ton de la voix des interlocuteurs durant la présentation.

5. Recueillir du feedback.

Autre terrain glissant où le professionnel hésite généralement à s'aventurer : l'obtention de rétroaction (*feedback*) de la part du client.

Le *feedback* est un moyen d'en apprendre plus sur nous-mêmes, sur la qualité de la relation que nous entretenons avec nos clients et des services que nous leur offrons. Le *feedback* offre des options pour améliorer nos échanges avec le client et encourager le développement d'une communication continue. Il est donc important de le recueillir – tout autant que de le donner d'ailleurs.

Le *feedback* s'obtient de plusieurs façons : une rencontre informelle en personne autour d'un café ou d'un lunch, un appel téléphonique, une rencontre plus formelle en groupe chez le client, ou encore l'envoi d'un questionnaire d'appréciation de nos services.

L'important est de choisir la méthode qui convient le mieux au degré de proximité de la relation, au respect d'un agenda de rencontres régulières fixé au début d'un mandat, et au caractère d'urgence pouvant survenir en cours de dossier lorsqu'une problématique technique particulière se présente ou lorsque le client exprime soudainement son insatisfaction. Dans tous les cas, le professionnel a intérêt à rechercher l'obtention d'un *feedback* constructif plutôt que destructif.

Voici quelques conseils d'usage :

- écouter patiemment plutôt que de rejeter d'emblée ou de commencer immédiatement à discuter;

- ne pas se placer en mode défensif;

- le *feedback* peut être désagréable à entendre mais sans lui, le professionnel rate une occasion de s'améliorer et de solidifier sa relation de confiance;

- proposer au client de commencer par du positif;

- parler de comportements précis et demander au client de les illustrer à l'aide d'exemples;

- lorsque le *feedback* est négatif, proposer une solution ou une alternative positive;

- agir rapidement pour mettre en place les solutions à un problème;

- respecter le client;

- rester soi-même.

Dans le contexte d'un processus d'offre de services, l'obtention pro-active de *feedback* auprès du client est recommandée à toutes les étapes de la relation d'affaires et ce, autant pour des mandats qui se déroulent sans anicroche que pour des mandats où des situations plus problématiques se présentent – conflit de personnalité avec un ou des avocats de l'équipe affectés à un dossier, mauvaise gestion d'un mandat, taux d'insatisfaction exprimé par le client sur la qualité du service rendu, contestation d'honoraires, et autres.

Même lorsque les services d'un professionnel ne sont pas retenus, il est approprié, autant que possible, de communiquer avec le prospect pour connaître les raisons qui ont mené au refus de la proposition de services. C'est un excellent moyen d'améliorer la prestation de services car dans ce cas, le *feedback* permet d'ajuster le tir sur de futures présentations. À l'inverse, lorsque l'offre de services est retenue, le *feedback* aide à comprendre ce qui a pu faire la différence aux yeux du client et de mettre en relief l'élément qui a su le convaincre de faire confiance au professionnel ou à son cabinet. Cela permet de reproduire un succès obtenu dans d'autres initiatives semblables.

2.1.1 L'appel d'offre de services formel

Sauf pour les organisations assujetties aux règles formelles d'appel d'offres – c'est le cas entre autres pour les organismes publics et para-publics et les sociétés d'État – la sollicitation de services professionnels par appel d'offres formel doit être étudiée avec grand soin.

D'une part, des considérations telles que le temps et les ressources investis dans la préparation des documents de l'offre de services, les tarifs horaires ou les honoraires fixés d'avance, ainsi que les délais exigés pour les livrables, empêchent le plus souvent le professionnel et son organisation de présenter de la valeur ajoutée, de se différencier de la concurrence et bien souvent, de récolter des mandats d'un niveau de profitabilité intéressant. Les appels d'offres formels finissent toujours par produire une série de propositions quasi identiques dans l'approche, la méthodologie et les coûts.

D'autre part, si une entreprise demande à un professionnel avec qui elle fait déjà affaire de répondre à un appel d'offres et qu'elle n'est pas tenue d'initier pareil procédé, il y a peut-être là un indice propice à se questionner sur la qualité de la relation de confiance entre le décideur de l'entreprise et le professionnel qui le dessert. Pour en revenir à la définition du marketing proposée dans cet ouvrage, le processus d'anticipation des besoins du client a peut-être connu une ratée quelque part. Cela peut indiquer que le professionnel n'est pas suffisamment à l'écoute et qu'il a passé complètement à côté d'une occasion de vente croisée (*cross-selling*). Un professionnel qui s'investit sincèrement dans le maintien de bonnes relations avec sa clientèle, en adoptant une attitude d'écoute et en structurant son développement d'affaires de façon à garder le contact sur une base régulière avec celle-ci, devrait se positionner avantageusement pour répondre aux besoins de sa clientèle de façon active et... pro-active.

Dans tous les cas, qu'il s'agisse d'un appel d'offres formel ou non, il est recommandé de poser des questions à l'entreprise ou à l'organisme qui lance l'appel d'offres quant à ses réelles attentes en regard de la proposition de services et de la réalisation du mandat. Le pire qui peut arriver, c'est que les questions demeurent sans réponse ou que la réponse soit expédiée à tout le groupe d'organisations sollicitées par appel d'offres formel. Ce qui peut, au contraire, arriver de mieux est justement ce qui permettra au professionnel ou à son cabinet de préparer une présentation qui sera réellement adaptée aux besoins du client et qui se démarquera ainsi de toutes les autres.

Pour conclure sur les offres de services, disons que l'état actuel du processus d'offre de services en milieu juridique ne permet pas toujours de mettre en application l'approche en cinq étapes proposée ci-dessus. Compte tenu du peu de ressources allouées à la recherche, à la préparation, à la rédaction et à la mise en page d'une offre de services, les professionnels se voient souvent contraints d'utiliser des modèles standard de présentation. Si tel est le cas, vous pouvez encore y ajouter de la valeur en développant, sur une ou deux pages insérées à l'intérieur d'un document standard, quelques lignes à propos de :

- votre compréhension des enjeux et des besoins du client, et de son entreprise;

- votre stratégie pour y répondre de façon efficace et efficiente, de même que votre expertise et votre expérience pour ce faire.

L'approche proposée, en cinq étapes, répond davantage aux exigences de la clientèle. Elle sert également, à plus long terme, les intérêts des professionnels qui passent ainsi d'un mode de discours centré sur eux-mêmes et sur leur cabinet à un mode de discours tourné vers le client et élaboré dans le langage d'affaires de celui-ci. Elle a l'avantage, enfin, d'être plus rentable en termes d'investissement de temps, d'effort et d'argent en plus d'offrir une meilleure garantie de succès et de pérennité des relations d'affaires.

2.2 La rédaction d'articles, d'ouvrages et les présentations de conférence

Ce n'est pas parce qu'un professionnel consacre du temps à la préparation d'une conférence ou à la rédaction d'un article à paraître dans une revue spécialisée qu'il s'attirera immédiatement de la clientèle. Faites vous-mêmes l'exercice : vous arrive-t-il de décrocher un mandat dès que vous prononcez votre conférence? Vous conviendrez que c'est plutôt rare. Le plus souvent, des gens viendront vous consulter au terme de votre présentation, ou encore vous recevrez un jour ou l'autre un coup de fil ou un courriel d'une personne qui a lu votre article ou votre livre.

En fait, les moyens qui sont proposés dans cette section servent d'abord et avant tout à contribuer au développement de votre crédibilité et à vous donner de la visibilité. Ils deviennent en quelque sorte avec le temps votre carte de visite vous donnant accès à des occasions de rencontres et d'échanges qui peuvent se traduire éventuellement en opportunités d'affaires. Ils vous positionnent comme un expert et amènent souvent, aussi, les médias à s'intéresser à vos travaux et à s'adresser à vous lorsque l'occasion se présente.

Voici quelques consignes d'usage qui vous permettront de traduire vos efforts de rédaction d'articles, d'ouvrages et de présentations de conférence en retombées concrètes de positionnement, de crédibilité et de visibilité.

1. *Soyez à l'affût des sujets de l'heure dans votre domaine de pratique.*

Sélectionnez quelques-unes de vos plus proches relations d'affaires et demandez-leur quels sujets les préoccupent particulièrement, ou encore quel enjeu marque leur industrie ou leur entreprise. Profitez-en pour tester vos propres idées. En les impliquant de cette façon, vous valorisez la relation de confiance que vous entretenez avec ces personnes.

2. *Rédigez en fonction de votre auditoire cible.*

Qu'il s'agisse d'un article, d'un ouvrage ou d'une présentation de conférence, gardez toujours à l'esprit à qui le contenu s'adresse.

Une audience constituée de professionnels comme vous sera davantage en mesure d'absorber le caractère technique et aride d'un énoncé législatif ou réglementaire – mais pas trop quand même. Vous devez être en mesure de démontrer votre compréhension de la loi ou d'un règlement, mais vous devez également faire appel à une capacité d'analyse et de synthèse qui permette de relier le sujet à des exemples concrets que vos pairs rencontrent dans les mandats qui leur sont confiés.

Si vous vous adressez plutôt à un auditoire plus général ou à des gestionnaires, assurez-vous de vulgariser votre présentation à l'aide d'un vocabulaire d'affaires et d'exemples de la vie courante en entreprise. Encore là, pour vous aider, faites appel à quelques-unes de vos relations d'affaires et impliquez-les dans votre démarche en leur faisant parvenir un projet de votre présentation ou de votre article. Invitez-les à vous soumettre des commentaires.

De grâce toutefois, soyez concis!

Il arrive trop souvent que les professionnels élaborent des présentations qui comptent plusieurs acétates, parfois des dizaines et des dizaines, ou encore des articles qui s'étalent sur plusieurs pages, rédigées de surcroît en termes techniques. C'est la meilleure façon d'endormir son auditoire.

En général, la meilleure approche pour développer une présentation, que ce soit une conférence ou un séminaire d'information, est de se servir d'un document imprimé ou projeté sur écran comme support au message exprimé verbalement plutôt que comme média de diffusion du message comme tel.

La préparation d'une présentation réussie et percutante s'appuie sur l'élaboration de messages clés et donc sur la synthèse des idées présentées par écrit mais exprimées verbalement par le professionnel. Plutôt que des phrases complètes, on retrouve des mots clés qui résument une idée ou un concept à partir duquel le professionnel élabore verbalement le contenu du message.

3. Ciblez vos tribunes.

Les professionnels de la communication peuvent vous aider à identifier les médias qui pourraient potentiellement être intéressés à publier votre article, ainsi que les organisations susceptibles de vous accueillir comme conférencier. Il s'agit essentiellement de déterminer quel magazine, quel journal, quelle tribune de conférences serait le plus approprié en fonction du sujet que vous abordez.

Par exemple, si votre article traite de modifications législatives récentes et de leur impact en droit de l'environnement, les médias spécialisés du domaine juridique, du domaine de l'environnement et de domaines connexes – à titre d'exemples, les domaines de l'énergie, du transport, les gouvernements – devraient être dans votre mire. Si votre conférence traite de l'évolution des dossiers de harcèlement sexuel et des contraintes nouvelles qui en résultent pour les gestionnaires de ressources humaines, proposez le sujet à des associations regroupant des professionnels en gestion des ressources humaines.

Dans tous les cas, avant de prendre le téléphone ou d'écrire un courriel pour proposer votre sujet d'article ou de conférence, déterminez en quelques points vos arguments de vente. Un bon sujet mal défini ou mal présenté risque fort de ne jamais paraître.

4. Faites du millage avec vos articles, votre ouvrage et vos présentations de conférence.

La préparation d'une conférence, la rédaction d'un article et surtout la production d'un ouvrage prennent beaucoup de temps, particulièrement lorsqu'on y apporte tout le soin et l'attention que cela mérite. C'est un investissement considérable en termes d'efforts. Alors, pourquoi ne pas optimiser cet investissement en prolongeant sa durée de vie.

Une fois votre article écrit et publié, profitez-en pour en faire parvenir une copie à vos clients et prospects. Accompagnez-le d'une lettre dans laquelle vous les invitez à prendre connaissance de votre plus récent article. Reproduisez vos coordonnées et invitez-les à communiquer avec vous s'ils souhaitent en discuter. N'hésitez pas non plus à prendre vous-même l'initiative de communiquer avec certains de vos plus chauds prospects afin de provoquer une rencontre et voir avec eux la possibilité de vous confier des dossiers.

Pareille démarche est recommandée pour une conférence. Profitez-en pour l'annoncer à vos clients et prospects. Invitez-en quelques-uns à une rencontre sur vos lieux de travail où vous pourrez refaire votre présentation et offrir une tribune d'échanges.

Autre initiative souvent négligée de la part des professionnels invités par une organisation à prononcer une conférence : demandez la liste des participants qui ont confirmé leur présence, ainsi que leurs numéros de téléphone et adresse de courriel. Parcourez la liste. Peut-être y trouverez-vous des entreprises ou des noms que vous connaissez, ou encore que vous ciblez éventuellement pour offrir vos services.

Profitez aussi de l'occasion qui vous est donnée de vous trouver sur les lieux d'une conférence pour rencontrer des participants avant et après l'événement. Recueillez les cartes d'affaires, discutez avec les gens, créez des contacts. Offrez de les rappeler pour approfondir la discussion, ou encore discuter d'une préoccupation spécifique.

5. *Reconnaissez vos mérites.*

Ayez le réflexe de mettre à jour vos notes biographiques imprimées et électroniques chaque fois que vous prononcez une conférence ou que vous faites publier un article. Particulièrement lorsqu'elles sont affichées sur le site Web du cabinet, ces informations constituent l'une des plus importantes sources de référence et de consultation des clients.

2.3 Les relations de presse

Méconnues il y a quelques années à peine comme moyen de positionnement, de visibilité et de notoriété, les relations de presse en milieu juridique commencent de plus en plus à faire la démonstration de leur importance. En fait, depuis le début des années 2000, on assiste à l'expansion des relations qu'entretient une presse « juridico-affaires » avec le monde des professionnels, et de l'intérêt croissant qu'elle porte à ce secteur d'activités.

Il y a quelques années, pratiquement aucun cabinet d'avocats ne disposait de ressources spécialisées en relations de presse. Les efforts de visibilité dans les médias étaient plutôt accomplis par de la publicité. En parallèle, très peu de journaux et de magazines accordaient de l'intérêt au secteur des services professionnels.

La situation a rapidement évolué en ce domaine, non sans que les professionnels de la communication n'aient à livrer de réelles batailles de tranchée pour en faire valoir les avantages et les retombées auprès de la haute direction des cabinets d'avocats.

En parallèle à l'utilisation accrue des relations de presse comme moyen de visibilité et de notoriété et en lien avec l'embauche par les organisations juridiques de professionnels des relations média, on assiste, depuis les récentes dernières années, à l'apparition de chroniqueurs et de médias juridiques dans les plus grands journaux tout comme sur Internet.

Au-delà de l'intérêt qu'y portent directement les professionnels pour prendre connaissance des dernières transactions réalisées par l'un de leurs pairs ou encore, des plus récents mouvements latéraux entre les cabinets, le monde des affaires commence lui aussi à consacrer de plus en plus d'attention aux médias du monde juridique. Ces sources d'information ajoutent, en effet, au développement de la crédibilité et de la notoriété d'un professionnel et les décideurs d'entreprises les consultent pour se conforter dans leur choix, ou encore pour voir quel professionnel sera éventuellement le mieux en mesure de les servir en cas de besoin.

Les relations de presse sont moins coûteuses que la publicité, ce qui représente un réel et net avantage pour les organisations. Par contre, ce moyen de communication requiert du temps, des efforts constants et cohérents, et des ressources spécialisées et dédiées pour en optimiser les retombées en termes de visibilité et de crédibilité. Les relations de presse ne permettent pas de « contrôler » le message tout autant que la publicité. Même devant un communiqué de presse rédigé selon les règles de l'art, aucun porte-parole n'est à l'abri de « la question-piège qui fait déraper l'entrevue »... et la couverture de presse subséquente.

On ne saurait trop recommander de faire appel à des spécialistes de la communication et des relations média avant de se lancer dans pareille aventure. On ne saurait non plus trop insister sur l'importance d'intégrer ce moyen dans toute stratégie de communication externe. Et on ne saurait non plus trop mettre en garde ceux et celles qui y adhèrent de toujours conserver à l'esprit que les journalistes et les médias n'ont d'autre loyauté que celle de rapporter des « nouvelles », c'est-à-dire des éléments d'information nouveaux.

Plusieurs éléments sont à considérer dans la définition et la mise en œuvre d'une politique média. Voici quelques-uns des facteurs clés de succès :

1. *L'établissement d'un respect mutuel avec les médias.*

Encore aujourd'hui, il est surprenant de voir à quel point plusieurs pensent qu'il suffit d'inviter un journaliste à dîner et de lui tenir un beau discours pour le gagner à la cause de son organisation. Rappelons ce qui a déjà été mentionné : les médias n'ont d'autre loyauté que celle de leur propre magazine, journal ou site Web.

Les approches qui semblent les plus prometteuses sont celles où la haute direction donne son appui à une stratégie axée sur des retombées à long terme.

Il est parfois très difficile de ne pas se laisser aller à réagir sur la place publique à une attaque d'un concurrent, rapportée par un journaliste influent, particulièrement en temps de crise. Avec le temps, une organisation sort toujours gagnante si elle conserve une approche respectueuse de sa propre vision, de ses valeurs et de son orientation stratégique et s'en ouvre en temps opportun aux médias. En toutes autres circonstances, cela se traduit souvent et malheureusement par une escalade d'émotivité, qui fait vendre des pages de journaux et de magazines et qui alimente des perceptions néfastes pour les parties impliquées.

En fait, les médias servent à diffuser notre message auprès de notre public cible tout autant que nous leur sommes utiles à combler des pages et des minutes d'antenne. Aussi bien garder une distance respectueuse entre nous.

Même les partisans du « parlez de moi en mal, parlez de moi en bien, mais parlez de moi » finissent par perdre au change à long terme.

2. L'apport de ressources spécialisées en communication.

On ne devient pas stratège média pas plus qu'on ne s'improvise porte-parole d'entreprise du jour au lendemain. Définir des messages clés, rédiger un bon communiqué de presse, anticiper les questions pièges et préparer la haute direction à y faire face, développer des relations respectueuses, soutenues et cordiales avec les médias, voilà autant de facettes à considérer quand on pratique ce métier.

Selon le type d'organisation, ses enjeux et son attrait médiatique potentiel, il convient de s'entourer de ressources formées et dédiées aux communications, particulièrement en temps de crise. Au sein de l'industrie des services professionnels, les spécialistes de la communication ne sont toujours pas légion bien que leur nombre soit en croissance depuis quelques années. En matière de relations de presse, c'est une denrée plutôt rare particulièrement pour ce qui est des cabinets d'avocats.

3. *Des messages simples et clairement définis.*

Un message simple se conçoit clairement. Revoyez vos grandes idées et informations, et tirez-en une synthèse regroupée en quelques mots ou en une courte phrase.

Et revoyez la section du présent ouvrage qui traite des messages clés...

4. *Des médias sélectionnés en fonction du public cible.*

Pour que votre public cible retienne l'information que vous lui présentez, parlez-lui en des termes qu'il comprend et à l'aide d'outils qu'il consulte comme sources de référence.

Évitez de proposer à un média d'affaires ou d'actualités économiques un article sur un changement de loi récent rédigé pour vos pairs dans un langage technique. Ciblez plutôt un magazine spécialisé du domaine juridique.

Soyez toujours à l'affût de ce que lisent et consultent vos clients actuels et vos prospects. Posez-leur la question. Prenez en note les magazines qu'ils consultent. Et assurez-vous d'inclure ces sources de référence sur votre liste des médias chaque fois qu'il est question de diffuser une nouvelle d'intérêt.

Enfin, n'hésitez pas à faire appel à des agences de presse, telles que Reuters, Agence France Presse, Canada NewsWire et autres, car moyennant des frais de diffusion, elles peuvent vous aider à segmenter vos cibles médias et à rejoindre un très large nombre de publics cibles externes (clients actuels et potentiels, partenaires d'affaires et autres) selon un territoire donné ou un domaine spécialisé visé.

5. *Un communiqué de presse rédigé impeccablement et succinctement.*

Les spécialistes des relations de presse se distinguent par leur talent de rédaction, un talent qui n'est pas donné à tous. C'est un atout significatif quand vient le temps de se tourner vers la scène publique pour y faire circuler une information.

En parallèle, les journalistes sont inondés, eux aussi, d'information et disposent de moins en moins de temps pour couvrir les nombreux sujets qu'on leur confie.

Le critère le plus important dans la rédaction d'un communiqué de presse est que, d'entrée de jeu, le premier paragraphe ou les deux premiers paragraphes répondent aux cinq « W », c'est-à-dire « Who, What, Where, When, Why » ou, si vous aimez mieux, le Qui, Quoi, Où, Quand et Pourquoi? C'est ce qu'on appelle, dans le jargon des communications, le « lead », c'est-à-dire la nouvelle, l'élément nouveauté d'une information qui n'était pas connu jusque-là. Vous comprenez maintenant pourquoi en anglais, le communiqué de presse est un « news release », un « émetteur de nouvelles ».

6. *Un scénario de questions et réponses (ou « Q & A », pour « Questions & Answers ») soigneusement préparé et mis en pratique par les porte-parole.*

On ne saurait trop insister sur l'importance de se préparer adéquatement à la diffusion d'une nouvelle qui nous concerne ou qui concerne notre organisation. C'est pourtant la partie la plus souvent omise dans une opération de presse.

L'élaboration d'un « Q & A » permet d'anticiper les questions et de se préparer à y répondre de la façon la plus simple, concise et percutante possible pour favoriser la diffusion et la rétention du message.

N'oubliez pas que les questions peuvent venir de l'intérieur de l'organisation, et que les employés et vos collègues de travail peuvent être les plus grands ambassadeurs de l'organisation. Ainsi, lorsqu'une organisation professionnelle s'apprête à mettre en marche une opération de presse, il ne faut pas hésiter à le faire savoir au sein de l'organisation et à faire connaître par la suite les retombées qu'elle génère.

7. *La mise à jour continue de votre liste de contacts médias.*

Comme toute base de données, votre liste de contacts médias nécessite une mise à jour continuelle afin de conserver toute sa valeur et sa pertinence. Cela requiert de la discipline. Pour vous faciliter les choses, prenez l'habitude de regrouper vos contacts en vous servant des grandes catégories qui suivent :

- Médias d'affaires nationaux et internationaux (imprimés, électroniques et Web)[15]

- Médias d'affaires locaux (imprimés, électroniques et Web)[16]

- Médias spécialisés – Juridiques et autres services professionnels (imprimés, électroniques et Web)[17]

- Médias spécialisés – Industries (imprimés, électroniques et Web)[18]

- Agences de presse[19]

Prenez l'habitude aussi d'inscrire les coordonnées complètes de vos contacts médias afin d'être prêt à toute éventualité de diffusion par voie papier et électronique.

8. *L'envoi du communiqué de façon personnalisée,*
   à chaque journaliste et média, plutôt qu'un envoi
   générique à une liste globale.

Les nouvelles technologies changent radicalement nos façons de faire et de communiquer. Elles ont pour effet d'accélérer, dans le temps, la quantité et la vitesse de nos échanges avec les autres. Elles contribuent aussi à établir, paradoxalement, une distance par rapport aux autres par le caractère impersonnel qu'elles y imprègnent.

En matière d'échange avec les médias – comme, du reste, avec tout être humain devrais-je dire – il est de bon ton et respectueux d'envisager la préparation d'une opération de presse de façon personnalisée. Qu'il s'agisse d'une diffusion papier, par télécopieur par exemple, ou d'une diffusion courriel, pensez à préparer une courte note pour accompagner le communiqué de presse. À l'instar d'une correspondance usuelle, débutez votre note par une formule de salutation d'ouverture qui est adaptée au degré de proximité de votre relation avec ce journaliste. Et concluez par une salutation de fermeture qui va dans le même sens. S'il s'agit d'un envoi par courriel, élaborez un titre court et percutant qui met en évidence la nouvelle diffusée et l'organisation concernée.

9. *Le suivi téléphonique afin d'assurer la bonne réception du communiqué de presse, de vérifier si le journaliste a des questions, s'il lui manque de l'information et de mousser la possibilité d'une entrevue.*

Autant il est recommandé de bien préparer notre entrée en matière avec les médias, au préalable à la diffusion d'un communiqué de presse, autant il est recommandé d'assurer le suivi de nos échanges avec eux. Un simple coup de fil permet d'assurer la bonne réception de l'information, de répondre aux questions du journaliste, ou encore de vous assurer que celui-ci a toutes les informations en mains pour en bien saisir les enjeux. C'est une belle occasion, aussi, de proposer la tenue d'une entrevue.

Que vous tombiez sur une boîte vocale ou que vous parliez directement au journaliste, cette initiative vous permet d'attirer de nouveau l'attention sur la nouvelle et de tirer profit d'une occasion de réitérer vos messages clés.

10. *Un monitoring média à l'aide des ressources internes ou externes.*

Comme on l'a vu, le communiqué de presse est un outil de communication externe qui, comparativement à la publicité, offre moins de contrôle sur la nouvelle. La plupart des agences de relations publiques peuvent vous offrir la production d'un rapport sur la couverture médiatique faisant suite à l'émission d'un communiqué de presse.

En cabinet d'avocats, comme les ressources sont moins nombreuses, il devient plus difficile de faire le relevé des médias qui traitent de la nouvelle que vous avez diffusée par communiqué de presse. C'est un exercice qui peut s'avérer fastidieux et qui requiert de l'attention pour repérer les quelques mots pouvant avoir été écrits par le journaliste dans une section de nouvelles brèves. Mais l'exercice en vaut la peine car il permet de mesurer quantitativement les retombées d'une opération de presse.

Plusieurs facteurs influencent les médias dans la sélection des événements et des nouvelles qu'ils couvrent de jour en jour. L'actualité est en constante mouvance et il suffit parfois d'une fraction de seconde pour changer l'intérêt d'un média envers un élément d'information plutôt qu'un autre. Aussi, ne vous faites pas d'illusion sur l'attrait qu'exercent les professionnels du monde juridique sur les médias d'affaires : l'émission d'un communiqué de presse annonçant l'arrivée d'un gros canon dans un champ de pratique professionnelle spécifique n'est pas toujours ce qu'il y a de plus *sexy* comme nouvelle.

Enfin, ne sous-estimez jamais les retombées qualitatives d'une opération de presse à plus long terme. Le simple fait d'émettre un communiqué de presse sur une base régulière auprès de notre liste de contacts médias permet de faire connaître notre organisation et les professionnels, et donc de développer leur visibilité et leur notoriété.

11. *Faire un reporting efficace et opportun.*

En tout temps, un rapport indiquant l'évolution des confirmations de couverture de la part des médias, ou encore les demandes d'entrevues, permet de suivre en temps quasi-réel les retombées d'une opération de presse.

Une fois l'opération de presse terminée, la production d'un rapport complet de couverture de presse est recommandée.

12. L'établissement d'une politique média qui respecte le code de déontologie et qui tienne compte de la vision, des valeurs et des processus de l'organisation.

En matière de relations avec les médias, le meilleur conseil est de faire preuve de prudence et d'être conscient du risque de se retrouver dans une situation embarrassante, en conflit d'intérêts ou de commettre une violation du secret professionnel. En cas de doute, il vaut mieux s'abstenir ou du moins gagner du temps pour bien réfléchir aux conséquences d'une intervention.

Gagner du temps, cela signifie de ne pas répondre immédiatement aux questions d'un journaliste s'il vous contacte directement. Les professionnels de la communication qui œuvrent au sein de votre organisation sont un appui crucial dans l'évaluation de la pertinence de la demande, la coordination des entrevues et la préparation à celles-ci. Il ne faut donc pas hésiter à leur acheminer les demandes qu'un professionnel reçoit de la part des médias.

Un principe fondamental à respecter en matière de relations avec les médias pour les professionnels tels que les avocats est que ceux-ci ne sont pas les porte-parole publics de leurs clients et ne doivent pas commenter sur des dossiers particuliers à moins d'avoir obtenu l'approbation du client ou d'avoir été mandatés pour le faire.

Aussi, un membre du cabinet qui prend la parole au nom d'une organisation autre que le cabinet, dans le cadre d'une fonction volontaire, par exemple, veillera à protéger en tout temps les intérêts du cabinet.

Enfin, il est important également de considérer la nature du média qui demande une entrevue et d'éviter ceux qui correspondent peu ou pas du tout au profil de notre clientèle. De même, il est toujours utile de peser les avantages de donner une entrevue : demandera-t-elle des heures de préparation en échange d'une visibilité finalement pas si utile?

2.4 Les événements à caractère social

Dans le milieu des services professionnels, les événements à caractère social prennent le plus souvent la forme de cocktails, de soirées de gala, de tournois de golf, d'activités taillées sur mesure par exemple pour les femmes (journées de soins beauté), ou encore d'activités familiales (organisation de projections en avant-première d'un film grand public). Selon le contexte, ces événements servent parfois à divertir (du terme « entertainment » que l'on peut traduire par « divertissement ») la clientèle pour la remercier de sa fidélité et de sa confiance, parfois à courtiser celle-ci dans le cadre d'une démarche de réseautage.

2.4.1 Le cocktail : événement social par excellence et source d'inconfort total des jeunes professionnels

> Je me sens mal à l'aise de me présenter à un cocktail parce que je ne sais jamais quoi dire!

C'est souvent le sentiment que les jeunes professionnels ressentent durant les premières années de pratique, alors qu'ils commencent à bâtir leur réseau d'affaires. Or, ne pas savoir quoi dire n'est pas un défaut. C'est même plutôt une qualité qui s'applique aussi dans ce type d'événement puisque la consigne de base est... d'écouter!

En matière de participation à des événements à caractère social, comme en toute circonstance, l'important est de bien se préparer.

1. *Intéressez-vous sincèrement à la personne qui est devant vous.*

Profitez d'une réunion de groupe avec vos collègues pour repérer des clients actuels et potentiels que vous aimeriez rencontrer. Discutez avec les avocats responsables de ces clients, convenez avec eux qu'ils vous présentent à leurs clients et profitez-en pour engager la conversation.

Lorsque vous avez la possibilité d'engager une première conversation avec un client potentiel, manifestez-lui de l'intérêt en posant des questions sur son entreprise, ses défis, ses responsabilités. Évitez de vous engager dans toute conservation banale qui ne sert qu'à remplir le temps.

Renseignez-vous à l'avance sur le thème ou la nature de l'événement auquel vous participez. S'il s'agit d'un événement organisé par le cabinet, discutez avec les responsables et notez quelques renseignements qui peuvent à votre tour vous servir d'information à partager avec la personne rencontrée et ainsi entretenir la conversation avec celle-ci.

2. *Faites parler votre interlocuteur et placez-vous en mode d'écoute.*

Écouter pour mieux comprendre la personne qui est devant vous, s'y intéresser et interagir, c'est une question d'attitude. Faites d'abord parler votre interlocuteur pour savoir quoi dire. Mieux vous connaîtrez sa situation et ses attentes, plus vous saurez comment faire le lien et gagner sa confiance. Surtout, évitez de préparer vos questions à l'avance.

En adoptant une attitude d'écoute dès les premiers contacts, vous vous positionnez comme un professionnel qui mise d'abord sur la qualité de la relation interpersonnelle et votre rôle de conseiller pro-actif.

3. *Maintenez un climat d'échange et d'ouverture.*

En faisant état de vos prouesses et de celles de votre organisation, c'est comme si vous affichiez votre insécurité. En agissant de la sorte, vous risquez de perdre l'intérêt de la personne qui est devant vous.

Ne vous laissez pas non plus prendre au dépourvu si le client aborde des questions plus techniques. Vous n'êtes pas tenu de répondre automatiquement aux questions, et surtout pas lorsque vous n'avez pas les éléments suffisants pour donner une réponse pertinente. Dites plutôt : « J'apprécie votre question. Expliquez-moi dans quel sens vous me la posez pour que je vous donne une réponse qui a du sens » ou encore, « Précisez-moi ce qui vous préoccupe pour que je cherche les informations appropriées. » Et prenez note de relancer cette personne dans une étape de suivi puisqu'il s'agit d'une occasion en or de relancer un contact après l'événement social.

4. *N'attendez pas que votre interlocuteur vous rappelle –*
    prenez les devants.

Un échange de cartes d'affaires n'est pas une garantie de suivi. Prenez l'initiative de faire les suivis nécessaires et relancez les contacts intéressants.

Créez l'occasion pour reprendre contact, développer le lien et en apprendre davantage sur votre interlocuteur. Il est habituellement trop tôt pour présenter vos services. Investissez plutôt dans le « courtisage » : convertir un contact social en relation d'affaires prend du temps...

2.5 La publicité revue et corrigée

La publicité est un moyen de communication qui, pour être efficace, doit s'inscrire en complémentarité avec d'autres moyens de communication en fonction d'objectifs précis et mesurables, et surtout d'une stratégie de positionnement coordonnée et cohérente pour l'ensemble de l'organisation.

Autrement dit, la publicité par elle-même, lorsque utilisée de façon ponctuelle plutôt qu'à l'intérieur d'un plan global faisant appel à d'autres moyens tels que les relations de presse, la participation à des conférences, ou encore la rédaction d'articles ou d'ouvrages, ne suffit pas à elle seule à atteindre des objectifs de visibilité, de crédibilité et de positionnement pour un professionnel ou un cabinet d'avocats.

Dans l'industrie des services juridiques, les règles permettant la publicité pour les avocats sont relativement récentes, ayant été adoptées à la fin des années 1970[20]. C'est l'un des premiers moyens par lequel les avocats ont pu promouvoir publiquement leurs services. De nos jours, les avocats se servent encore beaucoup de la publicité comme moyen de visibilité et de positionnement. Malheureusement, bon nombre d'initiatives qui empruntent ce moyen de communication demeurent ponctuelles : les avocats effectuent souvent un placement publicitaire de façon réactive, en réponse à une sollicitation directe des médias traitant, par exemple, de dossiers spéciaux sur leur champ de spécialisation ou encore, dans le cadre d'une sollicitation de commandite d'événements. Ce faisant, on observe souvent peu de cohérence d'une publicité à l'autre ou bien, peu de régularité dans les parutions publicitaires sur une période donnée, ou encore un ciblage inadéquat des médias pouvant le mieux correspondre aux objectifs de positionnement du cabinet ou du professionnel.

Autre élément digne de rappel : la publicité est le dernier critère sur lequel se base un client pour déterminer le choix d'un avocat. C'est logique quand on se rappelle l'importance qu'accorde en priorité un client au contact personnel et à l'établissement d'une relation de confiance avec le professionnel appelé à le servir.

3
Développer ses habiletés d'influence

On ne saurait passer sous silence l'impact majeur des nouvelles technologies de l'information sur le développement de relations d'affaires basées sur la confiance et la connaissance de notre clientèle. Avec le déploiement exponentiel des informations accessibles sur Internet, l'utilisation de plus en plus répandue des appareils numériques portables (BlackBerry, iPod et autres) et la surcharge de travail généralisée dans les organisations, la clientèle ciblée a de moins en moins de temps à sa disposition autant dans sa vie professionnelle que personnelle. D'un simple clic de souris, il est facile d'accéder à une foule d'information dans tous les domaines d'activités sur Internet, et le domaine des services juridiques n'échappe pas à la tendance.

Confrontés à une moins grande disponibilité de la part de la clientèle, les professionnels, afin de se démarquer, doivent encore davantage considérer l'importance de marquer des points lorsqu'ils ont l'occasion de se retrouver avec un client. Dans un tel contexte, l'une des principales habiletés à développer est la capacité d'influencer un prospect ou un auditoire... en très peu de temps!

3.1 Savoir convaincre dans les premières minutes d'une rencontre

Intégrité et humilité.

En matière de relations interpersonnelles, l'échelle de valeurs est aussi vaste et diversifiée qu'il y a d'individus sur terre. Mais s'il y a des valeurs qui sont fondamentales dans l'établissement de relations de confiance enrichissantes et durables, l'intégrité et l'humilité en font résolument partie.

L'intégrité, comme dans :

- ne racontez pas d'histoire à un client ou un prospect sur une prétendue expertise qui n'est pas la vôtre ou celle du cabinet;

- soyez assez honnête pour reconnaître ouvertement que vous n'avez pas réponse à tout mais que vous vous engagez à revenir au client ou au prospect dans les meilleurs délais avec la réponse à sa question ou l'approche la mieux adaptée à ses besoins;

- soyez assez franc pour reconnaître votre erreur ou qu'une situation ne tourne pas à l'avantage escompté;

- la définition qu'accorde à ce terme le dictionnaire Larousse : « Qualité d'une personne intègre; probité, honnêteté ».[21]

Et l'humilité, comme dans le fait de reconnaître en tout temps que c'est un privilège que de gagner la confiance d'un client et de le servir à l'aide de nos compétences et habiletés. Soyez vous-mêmes dans ce que vous faites. Et faites-le dans le plus grand respect des autres.

Ne recherchez pas le rendement immédiat.

Un client ne s'achète pas, il faut le gagner. Pour cela, il faut s'investir sincèrement dans le développement d'une relation basée sur la confiance et ne pas toujours chercher de rendement immédiat à nos actions.

En fait, développer une bonne réputation est l'affaire d'une vie. En voulant aller trop vite en ce domaine, on risque de se faire plus de tort que de bien.

Créer de la valeur : par l'expertise, l'expérience, la connaissance du client et de l'entreprise.

Avant de rencontrer un client ou un prospect, assurez-vous d'avoir tout fait en votre pouvoir pour vous renseigner sur son entreprise, son secteur d'activités, ses besoins. Arrivez bien préparé à la rencontre en prenant soin d'établir, lorsqu'à propos dans la discussion, des liens directs entre la problématique et les besoins du client et votre propre expérience dans des mandats similaires.

Pour convaincre un client ou un prospect de vos compétences, il faut bien plus que des banalités du genre « notre cabinet compte 2 000 avocats à l'échelle du continent » ou encore « nous servons une clientèle constituée des plus grandes entreprises du pays ». Le client ou le prospect a besoin d'être rassuré sur votre compréhension de ses enjeux et de ses besoins, et sur votre capacité réelle d'y répondre de façon efficace et efficiente à l'aide d'exemples concrets, de cas vécus. Les généralités n'ont pas la cote face à un auditoire préoccupé par un problème qui lui est unique et particulier. Au contraire, l'exposé de mandats concrets, abordant des problématiques semblables et leurs solutions, constitue le meilleur moyen de convaincre un client ou un prospect de faire affaire avec vous.

Et si un client ou un prospect est convaincu de vos compétences et décide de vous faire confiance, il acceptera de payer le prix. À ce titre, le professionnel qui se respecte et qui témoigne concrètement de sa capacité à répondre aux exigences de son client saura, sans pour autant se sentir mal à l'aise, établir dès le départ la valeur de ses services.

Accepter dès le départ de donner « un plus ».

L'industrie des services professionnels, et particulièrement des services juridiques, est le théâtre d'une vive concurrence qui ira en s'accroissant au fur et à mesure des mouvements de consolidation. Ce qui veut dire que l'expert que vous êtes dans un domaine en particulier court le risque qu'un expert encore meilleur se présente chez votre client. Cela veut dire aussi qu'aucun professionnel n'est à l'abri de perdre la confiance d'un client si ce dernier sent qu'il le sert moins bien, que son degré d'écoute diminue, et que son attention envers ses enjeux n'est plus la même.

Pourtant, si dès le départ de votre carrière et de vos démarches de développement d'affaires, vous prenez de bonnes habitudes et développez de bons réflexes, vous vous assurez d'une gestion du risque optimale. Voici d'ailleurs quelques conseils à mettre en pratique :

1. *Respectez les délais et, mieux encore, devancez-les.*

Le respect des délais est primordial pour assurer la confiance de vos clients et les convaincre que vous êtes en plein contrôle de la situation. Imaginez ce que vous pouvez récolter de capital de confiance en devançant un délai de 24 heures par exemple. Ce geste peut faire toute la différence, y compris pour vous-mêmes qui avez plusieurs dossiers à gérer simultanément.

2. *Faites les choses différemment, mais toujours intelligemment.*

La qualité d'un service professionnel se mesure par le soin et la rigueur apportés à la réalisation d'un mandat, dans le meilleur intérêt du client. Un service professionnel de qualité se mesure également par son caractère continu dans le temps.

En tout temps, démontrez votre intérêt à servir le client en ayant à cœur ses intérêts. Arrivez toujours bien préparé aux rencontres, vos dossiers bien en mains et soignés. Proposez une approche unique, originale, différente. Démontrez votre connaissance du dossier et des enjeux en cause par une recherche exhaustive d'information.

3. *Créez et maintenez un échange relationnel.*

Demeurez à l'écoute de votre client ou de votre prospect. Pour bien comprendre sa réalité, ses enjeux et ses préoccupations, placez-vous en mode d'écoute, posez des questions ouvertes. Soyez ouvert, franc, intègre et honnête dans vos échanges. Vos meilleurs clients sont ceux avec lesquels vous établirez une véritable connexion.

4. *Soyez accessibles en tout temps.*

Les clients évaluent la qualité du service professionnel par la rapidité avec laquelle un conseiller retourne leur appel téléphonique. Sur ce point, dans de nombreux cabinets d'avocats, l'adjointe peut servir d'appui, voire de complice.

Au sein d'un cabinet d'avocats, dans le cadre d'un programme de communication interne concernant le développement d'un service de qualité exceptionnelle, les professionnels de la communication peuvent aider à développer et inculquer des messages de sensibilisation. Insistez, par exemple, sur l'importance de retourner rapidement les appels du client en incitant les adjointes des professionnels à prendre les devants pour rappeler un client en l'absence du professionnel.

Cette initiative permet de diminuer le délai d'attente parfois très stressant que le client vit dans un dossier dont les enjeux sont élevés pour lui. Elle a également l'avantage d'ajouter un interlocuteur de confiance auprès du client. Elle sert, enfin, à mieux encadrer les relations qu'entretient l'avocat avec ses clients et à mieux gérer les priorités.

5. *S'autoriser, soi-même et le client, à prendre un risque :*
   le risque de faire confiance.

Lorsqu'un client ou un prospect vous rencontre pour la première fois, votre objectif est de vous positionner – et de vous comporter – comme un conseiller stratégique. Or, cela n'est pas une mince tâche, car cela requiert de l'assurance, une grande capacité d'écoute, des questions pertinentes, un bon degré de préparation, une solide connaissance de dossiers similaires, un service de qualité exceptionnelle, un bon taux de succès, du respect et de l'humilité. Ouf! C'est tout un risque à prendre que de vouloir véritablement développer des relations durables et enrichissantes avec nos clients. C'est aussi tout un risque à prendre que de confier un enjeu personnel ou professionnel à un conseiller juridique. Dans les deux cas, cela peut se traduire en une expérience enrichissante à tous points de vue.

DÉVELOPPEMENT D'AFFAIRES

*Un client ne s'achète pas,
il faut le gagner – aussi bien
s'investir personnellement
et sincèrement*

Introduction au développement d'affaires

Le développement d'affaires est le résultat d'une communication adaptée à une démarche continue de marketing.

Si vous vous reportez au schéma des pages 14 et 15, qui illustre le processus de création de valeur par le marketing et la communication dans une perspective de développement d'affaires, le développement d'affaires a pour objectif d'approfondir et d'accroître nos relations avec la clientèle existante – par exemple, par de la vente croisée – ou de développer de nouvelles relations d'affaires et d'augmenter notre base de clientèle – un résultat qui vient avec le « courtisage » d'un prospect.

Bien que le développement d'affaires ait pour objectif l'ajout de nouveaux clients, mandats et prospects, il est important de le planifier à partir d'une bonne connaissance de nos cibles et de nos marchés et d'y greffer les moyens de communication les mieux adaptés à chacun. Pour un client existant, les moyens de communication à déployer risquent d'être différents des moyens utilisés pour un prospect étant donné la connaissance qu'il possède déjà sur la nature et la qualité des services du professionnel ou de son organisation. La relation de confiance est, normalement, déjà établie. Si le professionnel anticipe un besoin dans un autre champ de pratique que le sien, il saura convaincre son client d'en discuter en compagnie d'un collègue spécialisé dans cet autre champ de pratique.

Le prospect, lui, en est peut-être au tout début du développement de sa connaissance et de l'établissement d'une relation de confiance. Il aura peut-être le réflexe de consulter son entourage – amis, proches, collègues – pour obtenir des références qui touchent à la fois la compétence éprouvée du professionnel, le degré de confiance exprimé à son endroit et la qualité de ses services.

Le développement d'affaires englobe donc, aussi, un aspect technique et un aspect relationnel.

En général, la composante relationnelle d'un développement d'affaires rentable et durable prime sur la composante technique. Bien que la compétence et l'expérience d'un professionnel soient essentielles pour assurer la réussite d'un mandat ou d'une transaction et comptent dans l'évaluation du degré de satisfaction du client, c'est l'aspect « soft » de la relation d'affaires qui prend le plus d'importance aux yeux du client quand vient le moment de juger de la qualité des services qu'il reçoit et de l'assurance de la confiance qu'il accorde à un professionnel.

Il arrive que la composante technique, c'est-à-dire la compétence du professionnel dans un champ de pratique donné, prime sur le relationnel. C'est le cas lorsqu'un prospect contacte, sur la foi d'une référence, un avocat pour lui confier un premier mandat. Dans un tel cas, le prospect évaluera d'abord le professionnel sur son expertise à solutionner l'enjeu ou le problème qui le concerne. Mais comme vous le constatez, le volet relationnel demeure toujours présent, même dans ce cas-ci puisque le point de départ du contact initié entre le professionnel et le prospect est fondé sur une référence provenant d'une connaissance proche ou de confiance.

1

Comment se positionner comme un véritable conseiller stratégique

Le plus grand défi du professionnel, qu'il soit avocat, comptable ou ingénieur, est de se positionner comme un conseiller stratégique plutôt qu'un simple exécutant. Comme équivalence, je tracerais le parallèle avec un généraliste de contenu et un spécialiste pointu, une notion qu'aborde l'auteur Andrew Sobel dans son ouvrage intitulé « Making Rain : The Secrets of Building Lifelong Client Loyalty »[22].

Le généraliste de contenu est un conseiller en mesure d'offrir à sa clientèle une perspective globale à partir de laquelle il dégage une synthèse des enjeux et des pistes de solutions adaptées pour chacun, dans le contexte d'une relation d'affaires durable. Pour y parvenir, il est continuellement en mode d'écoute et d'ouverture face à l'autre; il démontre de l'empathie. Les questions qu'il pose pour favoriser sa compréhension des besoins et des attentes du client ou du prospect sont des questions ouvertes car c'est à partir de ses réponses qu'il parvient à comprendre la situation en jeu, à en brosser un tableau complet et à proposer des solutions adaptées à cette réalité. Le généraliste de contenu est un stratège tout autant qu'un tacticien : il ne perd pas de vue la perspective d'ensemble d'une problématique tout en ayant à l'esprit le fin détail de chacune des étapes menant à la solution. Il s'appuie sur son expérience et son système de valeurs pour guider le client ou le prospect à juger des faits, sans a priori. Sa conviction lui vient d'une assurance intrinsèque dédiée à la recherche de la meilleure solution en tenant compte de l'ensemble des facteurs, plutôt que d'une solution unique et préconçue. Le généraliste de contenu privilégie le développement d'une relation de confiance.

Le spécialiste pointu est un expert reconnu comme tel dans son champ de pratique et il est en mesure d'offrir à sa clientèle un service spécifique lié à un problème précis, dans le contexte d'une relation d'affaires souvent ponctuelle. Il donne des réponses plus qu'il ne pose de questions car c'est le volet technique de sa compétence – la spécificité de ses connaissances – qui est mise de l'avant. Dans son cas, l'analyse prime sur la synthèse car il étudie un problème à la verticale, c'est-à-dire sous l'angle du champ de pratique qui est le sien, plutôt qu'à l'horizontale, c'est-à-dire en le situant dans une perspective globale comme le fait le généraliste de contenu. Il base son jugement sur des faits de sorte que sa conviction lui vient du degré d'exactitude des faits qui lui sont exposés. Le spécialiste pointu possède une crédibilité professionnelle exceptionnelle et il privilégie le développement d'une relation d'affaires basée sur le volet technique davantage que sur le volet relationnel.

Ces deux types de personnalités existent et cohabitent même très bien dans l'univers des services professionnels. Ils répondent à des besoins différents et pourtant bien réels parmi la clientèle. Ils correspondent également aux traits de personnalité individuels de chaque prestataire de services car ce n'est pas tous les professionnels qui ont l'agilité d'un spécialiste pointu – un conseiller juridique – et la profondeur d'un généraliste de contenu – le conseiller stratégique. Chose certaine, les organisations professionnelles regardent de plus en plus près les personnalités de leurs développeurs d'affaires, leurs *rainmakers*, dans une perspective d'atteindre un meilleur équilibre de leur portefeuille de conseillers stratégiques et de conseillers juridiques.

1.1 Les secrets d'une relation de confiance

Au cours d'un échange avec un associé sur des conseils à donner aux jeunes avocats qui commencent leur pratique et leur réseautage, celui-ci me confiait qu'il leur recommandait toujours de faire en sorte que « le client en vienne à les aimer ». « C'est comme développer une relation amoureuse », me disait-il.

Prenons l'exemple d'un avocat qui développe depuis quelques années une relation de confiance avec un jeune directeur des ressources humaines au sein d'une entreprise du domaine de l'agro-alimentaire. Ni le jeune directeur, ni l'entreprise ne font affaire actuellement avec le cabinet – il s'agit donc d'un client potentiel. L'avocat se spécialise en droit du travail et en droit de l'emploi, et il apprend qu'un changement imminent de réglementation risque d'avoir des conséquences sur la gestion de certains types de programmes de ressources humaines.

La relation qu'entretient ce professionnel avec le jeune cadre est basée depuis quelques mois sur de petits gestes fort simples, qui s'apparentent ni plus ni moins à du « courtisage » comme lorsqu'on développe une relation amoureuse :

- un coup de téléphone lorsque des médias rapportent un bon coup au sujet de cette entreprise (une nomination importante à la direction, un chiffre d'affaires en croissance, etc.);

- un coup de téléphone donné tout simplement pour s'enquérir des dernières nouvelles sur la santé, la famille;

- une invitation à un lunch une à deux fois par année, dont le prétexte peut être tout simplement l'idée de refaire le point sur l'évolution de ses dossiers et de son entreprise, ou encore de souligner une promotion;

- une invitation à jouer au golf en compagnie d'autres clients lors d'un tournoi organisé au profit d'une œuvre caritative;

- une invitation personnalisée à assister gratuitement à un séminaire d'information durant lequel l'avocat est conférencier sur un sujet qui touche de près le jeune directeur;

- l'envoi d'une carte de vœux pour souligner un événement heureux dans sa vie personnelle.

L'avocat se préoccupe également de rester à l'affût de l'évolution de l'entreprise en question. Il a programmé son logiciel de navigation Internet de façon à insérer des mots clés qui lui permettront de prendre connaissance, par exemple, des plus récents communiqués de presse émis par l'entreprise. Il a également inclus dans ses sites Web « favoris » l'adresse du site Web de l'entreprise de façon à le consulter régulièrement.

C'est ce qui permet à cet avocat, devant l'imminence d'un changement réglementaire en droit du travail et en droit de l'emploi, de communiquer avec le jeune cadre en question et de lui exposer les changements et leur effet probable sur l'entreprise. Comme il est familier avec l'environnement de travail du jeune cadre et de son entreprise, c'est dans son langage qu'il lui présente les solutions qui s'offrent à lui. Il pourra également souligner qu'il est disponible pour revoir avec lui ses pratiques et programmes, le cas échéant. Comme l'avocat est sensibilisé à l'ensemble des orientations de l'entreprise, il peut également placer en contexte le rôle de conseiller stratégique qu'il peut jouer en faisant notamment valoir au jeune directeur les inter-relations des changements à venir sur les finances de l'entreprise, par exemple en termes d'économies de coûts.

Le jeune directeur, rassuré et confiant de se trouver face à un conseiller en apparence aussi avisé pour le guider, convient de consulter ses supérieurs pour provoquer une rencontre au cours de laquelle l'avocat est invité à présenter les grandes lignes de son argumentation.

La direction de l'entreprise, convaincue de l'à-propos de la démarche, accepte de confier un mandat à l'avocat.

De telles situations se produisent malheureusement trop peu souvent dans le quotidien du développement d'affaires des professionnels. Ces derniers invoquent le plus souvent le manque de temps pour suivre de façon proactive l'évolution des besoins de leurs clients et prospects, et ainsi anticiper des occasions d'élargir leur offre de services dans l'intérêt de la clientèle. Autre argument fréquent : les heures consacrées à ces démarches ne sont pas facturables et donc, non reconnues à leur juste valeur aux yeux de la direction des cabinets professionnels.

Il reste qu'avec un minimum d'organisation et d'outils, il est plus facile qu'on ne le pense de suivre l'évolution d'une entreprise ou d'une personne avec laquelle un avocat souhaite développer une « relation amoureuse » et se positionner comme un conseiller de confiance – un conseiller stratégique.

Après tout, rappelez-vous : que vous soyez un professionnel du droit, de la comptabilité ou de l'architecture, au fond, ce n'est pas au sein de l'industrie des services professionnels que vous œuvrez mais bien au sein de l'industrie des « relations » (*relationships*).

1.2 La notion de « commodité »

Au cours d'un récent échange avec un jeune avocat très brillant et extrêmement compétent dans son domaine, celui-ci m'annonce fièrement avoir réussi à « percer la carapace » d'une très grande institution financière et obtenu des mandats. Il est de notoriété publique que cette institution financière fait affaire depuis plusieurs années avec des experts reconnus et chevronnés d'un très grand cabinet d'avocats établi sur la scène nationale et internationale.

Les mandats qu'il obtient de cette institution financière proviennent d'une région située en périphérie d'un grand centre urbain. Les directions régionales de l'institution financière sembleraient donc avoir un droit de regard distinct de celui de la grande ville dans la sélection de leurs conseillers juridiques. C'est là que réside l'intérêt de la percée accomplie par ce jeune avocat car il devient alors envisageable de développer des affaires dans le secteur financier, un secteur le plus souvent occupé par de grands cabinets.

En réponse à ma question sur les facteurs qui ont mené à ce succès, le jeune avocat explique qu'il a rencontré récemment, par l'entremise d'une personne de son proche entourage, un directeur de l'institution financière qui, au cours d'une rencontre à l'occasion d'un lunch d'affaires, lui confie avoir immédiatement confiance en lui et être prêt à lui donner un bon coup de pouce au sein de l'institution pour promouvoir ses services.

Je dois dire que j'ai été très impressionnée... jusqu'à ce que le chat sorte du sac.

En fait, et la précision n'a pas tardé à suivre, le jeune avocat finit par avouer qu'il avait d'abord convenu avec ce directeur de lui référer des mandats. Il était également convaincu qu'il s'agissait de la meilleure façon de développer sa clientèle, et privilégiait donc cette approche pour son développement d'affaires.

Bien qu'il soit courant de retrouver ce type de relation d'échange de services dans une stratégie de développement d'affaires, il importe de préciser qu'elle ne devrait compter que pour un faible pourcentage de la démarche. Le problème, c'est qu'elle sert de base au développement d'une relation « de commodité » pour les deux parties. Vous connaissez l'expression consacrée : « scratch my back and I'll scratch yours ». Elle ne permet pas, en effet, d'aller au-delà de la composante technique du service juridique que rend l'avocat et, dans l'autre sens, du service financier que dispense l'institution financière. C'est un moyen de parvenir à nos fins de développement d'affaires à court terme – comparativement à l'établissement d'une relation de confiance qui se développe avec le temps et dans laquelle le retour sur l'investissement des efforts est payant à plus long terme. Cette relation de « commodité » servira les fins mutuelles des deux personnes impliquées le temps que, par exemple, le directeur régional reste en poste, ou encore qu'un autre professionnel juridique le rencontre et l'impressionne davantage par la présentation de ses compétences et de ses services.

Pratiquée à petite échelle, cette approche permet au professionnel de concentrer en priorité sa démarche de développement d'affaires sur l'établissement de relations de confiance plutôt que de relations d'échanges de services. Lorsqu'une personne rencontre de sérieux problèmes financiers, juridiques, humains, ou autres, elle fera le plus souvent appel à une personne de confiance, un ou une ami(e), son banquier, un collègue de la direction, son président ou autre, pour qu'on lui recommande le professionnel qui sera le mieux en mesure de l'aider.

Pratiquée à large échelle, cette approche a le désavantage avec le temps de traduire le travail d'un professionnel des services juridiques en simple commodité. Il arrive souvent que des avocats se vantent d'être enfin parvenus à présenter leurs services à une grande organisation alors qu'en fait ils y ont eux-mêmes d'abord référé plusieurs mandats avant de pouvoir décrocher l'opportunité de rencontrer un décideur. Il arrive fréquemment aussi que les avocats s'engagent à verser des montants parfois très élevés de commandites sur une base ponctuelle, au seul motif que ces engagements financiers garantiront la poursuite d'une relation d'affaires et ce, sans y voir la pertinence ni l'obligation d'être présents en personne à l'événement dont il est question. Pas de commandite, finis les mandats, estiment-ils.

Encore une fois, l'idée n'est pas ici d'éliminer complètement la pratique de références réciproques de mandats du portefeuille de démarchage de clientèle car l'établissement de partenariats multidisciplinaires, par exemple, est en soi une bonne chose pour quiconque a à cœur de bien servir sa clientèle sur tous les plans. Il arrive aussi que certains clients se prêtent davantage à ce jeu d'échange de services. Mais une telle tactique mérite d'être utilisée de façon intelligente et dans une faible proportion d'une stratégie globale de développement de clientèle.

2

Fidéliser nos clients – comment « entretenir la flamme » année après année

Dans une industrie où la concurrence est de plus en plus féroce, où la performance de l'avocat est souvent jugée en fonction d'un quota individuel d'heures à facturer, et où la nature de certains champs de pratique ne permettent que des contacts très espacés dans le temps avec le client, l'entretien d'une relation d'affaires constitue la partie la plus difficile – et souvent la plus négligée – du développement d'affaires.

Il suffit pourtant de peu de choses pour « se rappeler aux bons souvenirs » de ses clients ou, si vous préférez, pour « rester sur leur radar » :

- tirez parti du fait que nous soyons à l'ère de l'électronique et de la transmission hyper rapide des informations et assurez-vous que vos clients reçoivent vos plus récents articles et bulletins d'information;

- faites-leur parvenir un article d'intérêt relativement à l'enjeu ou à la problématique pour lesquels ils vous ont consulté;

- découpez un article de journal qui traite de leur entreprise ou qui relate une entrevue avec votre client, écrivez un petit mot d'appréciation et faites-le lui parvenir;

- donnez un coup de fil – de quelques minutes à peine, et uniquement pour vous enquérir des dernières nouvelles les concernant ou pour reprendre contact après un long délai. Cette démarche démontre au client un réel intérêt envers une relation humaine et sincère;

- invitez-les à un lunch, à une conférence qui peut les intéresser, à un cocktail au profit d'une œuvre caritative – il est facile de planifier votre agenda de la semaine en prévoyant des lunches d'affaires ou des conférences données le midi;

- soyez présents aux événements à caractère social, particulièrement s'ils sont commandités par votre organisation;

- demandez conseil à vos clients sur des questions d'intérêt
commun : l'éducation des enfants, le choix d'un quartier de rési-
dence ou d'une voiture;

- demandez-leur des références lorsque vous déposez, par
exemple, un appel d'offre de services ou, plus simplement,
pour approcher un prospect;

- invitez-les à vous présenter à leurs collègues de la direction ou
à d'autres décideurs de la même entreprise.

La capacité d'entretenir des relations d'affaires durables
requiert un sens de l'organisation et des efforts constants. Gardez
toujours à l'esprit que c'est l'ensemble de tous ces petits gestes
qui en bout de ligne, parfois après quelques années, peuvent faire
toute la différence.

3
Développer son réseau
de contacts – le *networking*

Les jeunes professionnels en début de carrière hésitent souvent à entreprendre des démarches pour développer un réseau
de contacts car ils ne savent pas toujours par où commencer
ni comment procéder. Mon parcours professionnel m'amène à
côtoyer de jeunes professionnels et bien qu'ils soient la plupart du
temps enthousiastes et qu'ils fassent montre d'une grande ouverture d'esprit, ils n'en sont pas moins hésitants et inconfortables à
tisser les premières mailles de leur réseau de contacts. En fait, les
professionnels en début de carrière ont deux grands défis à relever : développer le marketing d'eux-mêmes et bâtir leur réseau. Ils
posent tous la même question : par où commencer et comment s'y
prendre? Les remarques suivantes leur seront utiles à tous les
stades du développement de leur réseau.

Bâtir son réseau de contacts signifie, de manière générale, de faire appel aux gens que vous connaissez, tant sur le plan personnel que professionnel, comme source d'information et de référence. Aux jeunes professionnels du droit qui viennent d'être admis au Barreau, la première source de contacts est le plus souvent la famille, les proches, les amis, les parents des amis, les collègues d'études, les professeurs ou l'organisation au sein de laquelle ils ont effectué un stage.

C'est le cas d'une jeune avocate qui exerçait en pratique privée depuis environ cinq ans et qui me consultait parce qu'elle souhaitait orienter et structurer son développement d'affaires. Aux prises avec une surcharge de travail, elle ne parvenait tout simplement pas à trouver le temps d'organiser son agenda pour dégager du temps lui permettant de se bâtir un réseau de connaissances. Elle se désolait bien sûr du peu d'initiatives concrètes qu'elle parvenait à mettre de l'avant.

Sa plus grande source de préoccupation – et de stress – venait du fait qu'elle se sentait forcée de « vendre ses services ». Elle avait l'impression qu'elle devait se placer en mode ventes chaque fois qu'elle rencontrait une personne avec qui elle était susceptible de développer, un jour ou l'autre, une relation d'affaires. Ce sentiment constituait pour elle un puissant frein à la mise en place de son développement d'affaires.

Au fil de nos échanges, cette jeune avocate a pris conscience de l'importance de se placer d'abord et avant tout à l'écoute d'elle-même et des autres. Plutôt qu'une approche de vente, c'est une approche d'écoute et d'ouverture qui lui a permis de s'appuyer sur les ressources de son entourage pour chercher conseil et se faire aiguiller vers des références intéressantes. En l'invitant ainsi à puiser à même ses champs d'intérêt, cette avocate a pu identifier des organisations où s'impliquer, en conformité avec ses goûts et ses valeurs. Elle a surtout appris à être à l'aise dans ses démarches de réseautage.

Le réseau de connaissances peut s'agrandir grâce à une implication sociale, par exemple dans un organisme de charité, ou encore, en siégeant au conseil d'administration d'une organisation de gens d'affaires. De telles activités procurent une tribune où il devient possible d'établir des contacts et de faire valoir ses compétences tout autant que de mettre en pratique ses habiletés relationnelles.

On oublie aussi trop souvent que l'organisation où l'avocat travaille et commence à pratiquer est une source importante de références. Puisqu'un réseau de contacts est un ensemble de personnes avec qui nous échangeons tant du point de vue de nos compétences professionnelles et techniques que de nos habiletés relationnelles et de nos intérêts personnels, il est logique d'investir des efforts pour développer ses relations d'affaires à l'intérieur même de l'organisation qui nous accueille, particulièrement en début de carrière. Autant pour ces derniers que pour les associés qui comptent quelques années de pratique, le *coaching* des professionnels ayant plus d'ancienneté est également une source importante de développement et de réseautage parce qu'elle assure un transfert de connaissances à plusieurs niveaux : professionnel, personnel et relationnel.

4

Comment transformer un contact d'affaires en un client ou un mandat

En matière de développement d'affaires, l'important est de s'investir sincèrement et de ne pas forcément rechercher de retombées immédiates. Le processus de développement d'une relation avec un prospect peut prendre du temps et il convient de respecter le rythme de chacun. C'est cela, « courtiser » un client, l'amener « à vous aimer » et à vous considérer comme un conseiller stratégique.

Par contre, il est nécessaire que cette relation se traduise un jour ou l'autre en nouveaux clients ou mandats. Si, après plus d'un an, voire deux ans, aucun mandat n'est généré de vos démarches de « courtisage », il est tout à fait approprié de s'en ouvrir au client potentiel et voici comment :

- « Cela fait maintenant plus d'un an qu'on se rencontre régulièrement et que tu me parles de ton entreprise. J'aimerais beaucoup pouvoir t'aider à atteindre tes objectifs en t'offrant mon expertise et mes connaissances. Accepterais-tu de me confier des mandats? »

- « Je suis vraiment emballé(e) par tes projets au travail. Comme je te le disais la dernière fois qu'on s'est rencontrés, il y a quelques mois, je pourrais te seconder sur les aspects juridiques de façon à ce que tu connaisses du succès. Accepterais-tu que nous organisions une présentation à ton service de contentieux? »

- « Tu me parles des plans de ton entreprise, je suis très emballé(e) par tes projets et j'ai le sentiment que je pourrais contribuer à leur succès. Comment souhaiterais-tu procéder pour que nous travaillions ensemble? »

En mettant en pratique ces quelques trucs, le professionnel fait montre d'un aplomb respectueux envers le prospect : il lui témoigne de l'intérêt et de l'écoute envers ses projets et ses enjeux tout en le convaincant de l'opportunité de passer à l'action. Il est plutôt rare qu'un prospect refuse de se laisser convaincre par une telle attitude.

5
La vente croisée (*cross-selling*)

De façon générale, il y a peu d'initiatives structurées de *cross-selling* dans les cabinets d'avocats. Les avocats reconnaissent généralement d'emblée les bienfaits de ce moyen de développement de la clientèle tout en haussant les épaules d'impuissance quand vient le temps de le mettre en pratique. Cela n'est guère surprenant parce qu'une telle démarche s'inscrit en contradiction avec une culture axée sur l'individualisme et une rémunération basée sur la performance individuelle.

En règle générale, chaque praticien développe une expertise dans un secteur donné – qu'il s'agisse d'un secteur de pratique professionnelle ou d'industrie. L'organisation au sein de laquelle il pratique lui impose aussi des critères de rendement en fonction d'heures à facturer et un processus de compilation et de traitement des honoraires qui associe l'ouverture d'un compte client à un nom spécifique d'avocat selon que celui-ci décroche un premier mandat d'un nouveau client pour le cabinet ou selon qu'il décroche un nouveau mandat d'un client existant du cabinet. Dans ce dernier cas, malgré les démarches de développement d'affaires qui sont déployées pour obtenir un nouveau mandat d'un client existant, il arrive souvent que la paternité des heures à facturer revienne, en tout ou en partie, à l'avocat initialement responsable de l'inscription de ce client dans les systèmes d'information de l'organisation.

Ce qui fait que le développement d'affaires en pratique privée est une véritable jungle où toutes sortes de bêtes s'affrontent. La chaîne alimentaire est constituée de prédateurs et de proies, et en cette matière, le prédateur est parfois l'associé en place depuis longtemps et la proie, ce tout jeune avocat rempli d'enthousiasme, cherchant à décrocher ses premiers mandats, ou encore un jeune associé comptant quelques années de pratique et qui souhaite contribuer au développement de la société dont il fait partie. Il peut arriver que le jeune avocat se fasse vertement rabrouer par certains de ses collègues plus anciens, lui affirmant qu'ils ont un « droit de propriété » sur tel ou tel client et qu'il a intérêt à éviter toute tentative d'approche. On peut comprendre à quel point il devient donc difficile de mettre en place des projets de développement de clientèle par vente croisée.

Certains projets de cette nature commencent tout de même à connaître du succès. Généralement, ces expériences sont valorisantes à plusieurs niveaux, tant pour les avocats que pour l'organisation concernée, car elles posent les premiers jalons d'une culture de partage de l'information basée sur un effort collectif dans un but commun. Les cabinets d'avocats se préoccupent de plus en plus, toutefois, de cette problématique et tendent à commencer à mettre en place des mécanismes qui favorisent le développement de clientèle par vente croisée.

C'est le cas notamment d'un projet de développement d'affaires mené par un jeune associé activement impliqué dans la communauté d'affaires de sa région. Il avait pu obtenir une liste de noms d'entreprises d'un secteur d'activité florissant. Il a immédiatement communiqué l'information à tous ses collègues et les a invités à une réunion pour parcourir la liste et distinguer les entreprises déjà clientes des entreprises non clientes du cabinet. Il a fait appel aux services de recherche du département de marketing pour coordonner l'interrogation des systèmes d'information du cabinet et la recherche sur diverses bases de données externes et sur Internet. L'exercice a permis de cibler une dizaine de clients existants du cabinet présentant des besoins potentiels dans un secteur de droit récemment assujetti à des changements législatifs importants, ainsi qu'une trentaine d'entreprises comptant au moins un point de contact associé à l'un de ses collègues à l'interne.

L'équipe de travail a par la suite pu raffiner sa recherche d'information pour chaque entreprise ciblée et pu développer une stratégie d'approche pour chacune.

Les avocats responsables de la dizaine de clients existants ont été interrogés quant à l'état de prestation des services qui leur étaient rendus et à la qualité de la relation d'affaires. La transmission des connaissances par rapport à ces clients a permis au groupe de travail d'identifier leurs réels besoins relativement aux récents changements législatifs et ainsi, de mieux juger de la pertinence et de l'opportunité de leur présenter leurs services en la matière. Même si une minorité seulement des avocats responsables a réussi, dans les semaines suivantes, à sensibiliser leurs clients à ces changements législatifs, certains se sont rapidement montrés disposés à rencontrer leurs collègues en prévision de leur confier des mandats en cette matière.

De même, les avocats qui avaient un contact parmi les quelque 30 entreprises clientes potentielles identifiées ont été appelés, eux aussi, à discuter avec leurs collègues du groupe de l'opportunité de les approcher directement. Encore là, bien qu'une minorité ait accepté de le faire, certains clients se sont montrés disposés à assister à une rencontre en personne pour en discuter.

Le projet s'est étalé sur une période de quelques mois à peine grâce, surtout, aux qualités de leader et aux habiletés de gestion du jeune associé, celui-ci disposant d'une bonne crédibilité auprès de ses collègues et de la direction du cabinet.

Cette expérience a permis de tirer un certain nombre de constats.

Premièrement, le simple fait pour ce jeune associé de partager de l'information stratégique avec tous ses collègues, associés comme avocats salariés, témoigne d'une attitude d'ouverture et d'une volonté de faire profiter la collectivité plutôt qu'un individu des retombées financières qui en découlent.

Deuxièmement, le fait que ce projet se soit déroulé sur une période de temps relativement courte et qu'il ait impliqué autant d'étapes témoigne d'un solide leadership de la part de cet associé et de la direction de l'organisation, laquelle a contribué à soutenir ouvertement la démarche et ainsi à favoriser la mobilisation des troupes.

Troisièmement, une expérience de la sorte consolide le sentiment d'appartenance et crée un fort esprit de cohésion entre les membres de l'organisation. Les associés, les avocats salariés et le personnel administratif impliqués ont tous contribué à l'effort demandé. En fait, une organisation professionnelle qui préconise des liens étroits entre collègues et membres du personnel favorise la réussite d'une telle démarche.

Quatrièmement, comme toute l'organisation se mobilise dans un projet commun, même si les approches sont par la suite individuelles auprès des prospects, il n'en demeure par moins que c'est l'image d'un cabinet uni qui valorise le travail d'équipe qui est publiquement projetée. On le sait, le degré de proximité des relations d'affaires entre les professionnels et les décideurs d'entreprises est également important car face à un avocat sollicitant son attention, un président d'entreprise, un membre de la haute direction ou un quelconque autre décideur risque d'être plus réceptif à une démarche qui lui paraît menée de façon concertée et professionnelle puisque cela est de nature à le mettre en confiance.

Cinquièmement, des études démontrent qu'il en coûte de cinq à six fois moins cher pour une organisation d'opter pour des initiatives de *cross-selling* plutôt que pour des initiatives de *cold-call*. L'organisation qui favorise des projets de ventes croisées tire des bénéfices certains en termes d'efficience et de rentabilité car elle fidélise davantage sa clientèle.

Enfin, la vente croisée est la plus efficace lorsqu'elle s'attarde d'abord et avant tout à l'identification des besoins réels et anticipés d'un client existant dans un champ de pratique différent du domaine où un professionnel le dessert déjà. Autrement dit, le professionnel qui a de bonnes pratiques de marketing devrait continuellement être en mesure d'identifier à l'avance des besoins concrets qu'un de ses collègues pourrait combler et, de ce fait, demeurer proactivement en mode de *cross-selling*.

6

Le *cold-call* : facteurs clés de succès

Toute stratégie de développement de clientèle peut comporter un volet « à l'aveugle ». Mais comme l'énergie requise pour ce moyen de développement est de loin supérieure à celle requise pour accroître notre prestation de services à un client existant, il convient de s'assurer qu'il occupe un faible pourcentage des efforts du professionnel et qu'il engage un minimum des ressources de l'organisation.

Pour un professionnel ou un groupe de pratique, le fait d'identifier une ou des entreprises prestigieuses non clientes et auprès desquelles il souhaite obtenir des mandats constitue un bel exemple de *cold-call*.

Pour réussir, le *cold-call* doit pouvoir s'appuyer sur les éléments suivants :

1. *Un ciblage de clientèle potentielle déterminé selon un champ de pratique ou une industrie.*

Que ce soit par l'obtention d'une liste d'entreprises, par une recherche dans des bases de données statistiques ou d'industries, ou autrement, il est possible d'utiliser différentes sources d'information pour cibler les clients éventuels à solliciter.

2. *Faire appel à un réseau connu pour identifier des contacts précis dans des entreprises ciblées.*

Une fois la liste obtenue, quoi de plus simple que de faire appel, dans un premier temps, à notre réseau interne de collègues – que ce soit à l'intérieur du même bureau ou à l'échelle du cabinet – pour déterminer si le professionnel ou le groupe de pratique peut entrer en communication avec des contacts qui lui permettront d'en apprendre davantage sur l'organisation, ses fournisseurs actuels de services juridiques, l'état et le degré de satisfaction de sa relation avec ces fournisseurs, ses besoins et ses projets.

Pourquoi ne pas faire appel également à son propre réseau de contacts, à ses proches ou à sa famille pour élargir ce bassin auprès de ces entreprises ciblées?

L'objectif est simple : un contact peut aider à ouvrir des portes et, éventuellement, à avoir accès aux décideurs de l'entreprise ciblée.

3. *Élaborer et produire une présentation ou une documentation simple et efficace.*

On ne saurait trop insister sur l'importance de développer des outils de communication qui soient simples et imaginatifs pour présenter une offre de services couvrant l'ensemble des besoins potentiels de ces prospects, en prenant soin de préciser qu'un avocat prendra l'initiative de les contacter prochainement afin de les rencontrer.

La majorité des envois qui seront faits, qu'ils soient électroniques ou en format papier, finiront dans la poubelle. Mais dans le cadre de cette démarche, il faut capitaliser sur les quelques réponses d'ouverture que vous recevrez de la clientèle cible. Sans jouer au vendeur sous pression, l'objectif à ce stade-ci de la démarche est de décrocher une rencontre en personne.

4. *Capitaliser sur l'obtention d'une rencontre en personne.*

Lorsque ce moment arrivera, il sera crucial d'apprivoiser ce prospect, son entreprise et son industrie, ses besoins et ses exigences. Profitez-en alors non pas pour demander que la rencontre se tienne dans une salle de conférence ou un bureau fermé, mais plutôt pour vous inviter à une tournée de l'usine, de la salle de montage ou des laboratoires de recherche!

L'objectif est d'être ici en mesure d'établir un contact personnel, une première ébauche d'une relation de confiance basée sur l'intérêt que vous exprimez envers ce prospect et sa réalité d'affaires, pour être en mesure aussi de lui revenir rapidement avec une offre de services adaptée à ses besoins.

5. *Élaborer et présenter une offre de services adaptée aux besoins et à la personnalité du prospect.*

Soyez concis et, surtout, toujours bien concentré sur le langage d'affaires du client que vous approchez.

Ce n'est pas le moment de dire à quel point votre cabinet est le meilleur, le plus grand, le plus performant dans tous les champs juridiques, le plus nombreux en termes d'avocats. À cette étape-ci, démontrez clairement à votre interlocuteur que vous avez développé, par vos échanges et vos rencontres, une bonne compréhension de son entreprise et de son industrie, de ses besoins et du rôle que vous pourriez jouer auprès de lui comme conseiller stratégique.

Validez votre compréhension à chaque étape de votre présentation. Continuez de poser des questions si vous jugez que votre compréhension n'est pas entière ou satisfaisante.

6. *Cueillez les résultats de votre démarche en faisant preuve d'un grand professionnalisme.*

Ça y est, le prospect accepte de vous confier un premier mandat. Ce n'est peut-être pas le mandat du siècle, mais c'est un premier pas concret dans l'obtention de la confiance de cette personne.

Le défaut qui guette tout professionnel à ce stade-ci est de vouloir trop en faire pour épater la galerie, tout en donnant ce « petit plus » qui fera toute la différence – un équilibre qui n'est pas toujours facile à atteindre.

Remplissez la commande avec professionnalisme et souci du travail bien fait. Assurez-vous que votre client est satisfait, par exemple, en plaçant un coup de fil de suivi. Témoignez-lui du respect et, surtout, remerciez-le de sa confiance envers vous et vos services.

7
La gestion de la relation client

Le développement et la gestion de clientèle constituent la principale source de revenus d'une organisation professionnelle. Dans une industrie juridique en pleine transformation, confrontée aux changements technologiques et à une concurrence plus vive au même titre que le sont toutes les industries de ce monde, les clients peuvent choisir de changer de fournisseur de services d'un simple clic, ou encore parce qu'un professionnel se positionne avec plus d'influence qu'un autre.

Comme on l'a vu, pour faire le choix d'un professionnel qui le secondera dans l'atteinte de ses objectifs et la résolution de ses problèmes, le client s'appuie sur l'expertise et l'expérience démontrées mais également, et surtout, sur des critères affectifs : le besoin d'être écouté et compris – le besoin de sentir qu'il compte à vos yeux.

Les nouvelles technologies permettent aux organisations professionnelles de mieux connaître leur clientèle et de la fidéliser en utilisant des informations qui la concernent de façon à mieux anticiper ses besoins et ainsi, lui permettre de déployer une stratégie adaptée à des services personnalisés. C'est l'une des raisons pour lesquelles les organisations professionnelles considèrent de plus en plus sérieusement l'apport de solutions technologiques telles que les outils de gestion de la relation client (*Client Relationship Management, CRM*).

Pour l'heure, les outils de gestion de la relation client sont, de façon générale, utilisés quasi uniquement pour compiler et automatiser des listes d'envoi ciblées par champ de pratique ou d'industrie. Bien que de plus en plus déployés au sein des organisations professionnelles, les outils de gestion de la relation client ne sont pas encore utilisés à leur plein potentiel pour colliger toutes les informations et toutes les communications relatives au développement d'un client par l'apport constant d'information que les praticiens peuvent y inscrire. Imaginez un instant à quel point il serait plus simple de pouvoir accéder à un système d'information qui permette, d'une simple interrogation, de prendre connaissance des derniers séminaires d'information auxquels un client a été convié, de lire les derniers échanges ayant eu cours entre un professionnel et un client à propos de la gestion d'un mandat, de consulter les dernières nouvelles à propos de la nomination ou de la promotion d'un client au sein d'une société de prestige, d'obtenir la liste de tous les professionnels qui desservent une même organisation, de connaître la date et la teneur de la plus récente offre de services, et bien d'autres informations encore.

La gestion optimale des relations avec la clientèle passe par une culture de partage de ce type d'information. Mais comme aucune solution technologique ne peut se suppléer à un changement de culture, la plupart des outils de gestion de la relation client (CRM) parviennent finalement à n'accomplir qu'une partie du rôle qu'ils pourraient jouer pour soutenir un processus continu de marketing appuyé par une communication personnalisée. La gestion de nos relations avec nos clients doit pourtant comprendre en tout temps une analyse de l'évolution des besoins du client qui se traduit par une capacité à les anticiper. Elle intègre également un suivi constant quant au bénéfice que retire l'organisation à entretenir et à développer une base de clientèle qui corresponde à ses valeurs et qui lui permette d'atteindre ses objectifs de croissance.

7.1 Les situations délicates : clients problèmes, contestations d'honoraires, critiques sur les services

Toute situation problématique avec un client est une occasion en or d'améliorer une relation d'affaires. Qu'il s'agisse d'une contestation d'honoraires ou d'une plainte liée à la qualité du service ou à l'aspect technique d'un mandat, le professionnel gagne à accueillir les problèmes soulevés par le client en se plaçant en mode de réceptivité. Si le client se plaint, c'est qu'il vous dit qu'il n'est pas satisfait de sa relation d'affaires. Le fait qu'un client prenne le temps de vous exprimer son insatisfaction mérite que vous y accordiez toute votre attention. Dites-vous bien que les plus grands dommages causés à la réputation d'un professionnel ou d'une organisation surviennent quand un client propage son insatisfaction dans son entourage.

Dans de telles situations, le professionnel se doit, d'une part, de remercier sincèrement le client qui lui rapporte un problème. Accueillez les commentaires négatifs et convenez, de préférence, d'en discuter en personne avec le client. Pour favoriser les échanges et établir un climat où le client pourra livrer plus aisément les motifs de son insatisfaction, le professionnel doit se mettre à l'écoute de l'autre.

Évitez de vous placer en mode défensif et demandez plutôt conseil au client sur la meilleure façon de régler une situation épineuse. Assurez-le de votre appui et de votre compréhension et, aussi, prenez les mesures appropriées pour que la situation ne se reproduise plus. S'il faut faire appel à un autre collègue pour poursuivre la réalisation d'un mandat, parce que votre client exprime une incompatibilité de caractère avec votre premier choix, faites-le. En matière de prestation de services, la grande majorité des plaintes des clients touche la qualité de la relation conseil et cet aspect figure au premier rang des critères de choix de vos clients.

7.2 Et vos clients, eux, répondent-ils à vos besoins?

On insiste beaucoup sur l'importance pour un professionnel de se tenir continuellement à la fine pointe des attentes et des exigences de sa clientèle, mais nous nous attardons rarement à la satisfaction des besoins du professionnel dans son développement d'affaires. Or, la satisfaction personnelle et professionnelle passe par les échanges cordiaux et enrichissants qu'un professionnel entretient avec ses clients sur une base mutuelle. De la même manière qu'un professionnel gagne à s'investir sincèrement et avec respect dans une relation d'affaires, il est tout à fait approprié que ses attentes soient les mêmes vis-à-vis de sa clientèle.

Une relation d'affaires basée sur la confiance réciproque s'inspire du respect que témoigne le client envers l'expertise et l'expérience du professionnel avec qui il fait affaire. Si un client remet continuellement en question la justesse de vos conseils et la pertinence des actions que vous lui recommandez, il est légitime de remettre en question cette relation d'affaires.

En matière de services professionnels, et c'est vrai autant pour les avocats que pour les consultants, la contestation d'honoraires peut survenir en tout temps. Règle générale, un client qui conteste la facture d'un prestataire de services s'en prend souvent à la qualité du service. Difficile de parer une attaque semblable quand les paramètres ne sont pas aussi précis que pour l'achat d'un produit tangible.

Par contre, si un client conteste systématiquement vos honoraires ou qu'il refuse carrément de payer la totalité d'une facture une fois le mandat accompli alors que les honoraires sont convenus dès le départ, demandez-lui de payer ce qu'il croit être le juste montant pour la valeur perçue qu'il a du service et dites-lui aussi... de ne plus jamais faire appel à vous.

Deuxième partie

PERSPECTIVES D'AVENIR

Oser créer le changement

1

Quelques pistes de survie en cette ère de consolidation et d'intense concurrence

Les organisations professionnelles n'échappent pas aux règles de la concurrence. L'industrie comptable l'a vécue durant les années 1970 et 1980, avec la consolidation des huit plus grandes firmes de l'époque. L'industrie juridique est elle aussi à un tournant de son histoire. Les grands cabinets deviennent encore plus grands tandis que les plus petits sont confrontés à la décision d'avoir à se spécialiser en « boutiques », d'unir leurs forces ou de joindre eux aussi les rangs de plus grandes organisations. Les rapprochements entre cabinets s'étendent au-delà des frontières et laissent poindre à l'horizon de possibles fusions entre cabinets établis dans toutes les régions du monde, sur tous les continents.

Dans un tel contexte, il est de plus en plus facile de perdre de vue la raison d'être de la pratique d'un service professionnel, c'est-à-dire l'écoute et la proximité du client, puisque les groupes de pratique et d'industries sont victimes de la dilution des efforts de développement d'affaires de par une couverture géographique étendue et un nombre de professionnels accru à l'intérieur d'un même groupe. Autrement dit, le phénomène crée un éloignement par rapport au client et, par conséquent, vis-à-vis de la réalité de certains marchés porteurs. Et c'est là, à mon sens, que se situe l'un des principaux facteurs de survie des organisations qui opteront pour la voie de la consolidation de leurs efforts ou celle de l'hyper spécialisation dans un champ de pratique ou d'industrie spécifique.

1.1 Définition et connaissance réelle des clients et des marchés porteurs

L'investissement marketing crée de la valeur pour une organisation lorsqu'il est considéré comme le point de départ de toute stratégie de développement d'affaires. Qu'elle soit en émergence, en pleine croissance, établie sur un marché ou en phase post-fusion ou acquisition, l'organisation professionnelle doit pouvoir en tout temps stimuler et mettre à jour son « intelligence client et de marché » (*client & market intelligence*) afin de toujours anticiper les besoins et se positionner avantageusement par rapport à la concurrence. Pour ce faire, la cueillette et l'analyse de données primaires et secondaires, effectuées sur une base régulière, lui permettront d'identifier plusieurs éléments de base, entre autres :

- qui sont nos clients existants, où sont-ils situés géographiquement, quels revenus génèrent-ils, quels services leur offrons-nous, depuis combien d'années font-ils affaire avec nous, quel est l'attrait de notre « proposition de valeur » (*Unique Selling Proposition*) et comment les avons-nous convaincus de faire affaire avec nous, quels sont les attributs recherchés auprès d'une organisation comme la nôtre;

- qui sont nos clients potentiels, où sont-ils situés géographiquement, quels revenus pourraient-ils générer, quels services leur offririons-nous pour répondre à leurs besoins anticipés, quel impact aurait notre « proposition de valeur » (*Unique Selling Proposition*) pour les convaincre de faire affaire avec nous plutôt qu'avec la concurrence, quels sont les attributs recherchés auprès d'une organisation comme la nôtre.

C'est à partir de ces informations de base qu'une organisation peut en tout temps prendre le pouls de ses clients et de ses marchés, en développant des outils de communication et de vente qui lui permettront de convaincre, d'influencer, de se donner de la crédibilité et de la visibilité, bref, d'approfondir et d'accroître ses relations d'affaires existantes ou d'en créer de nouvelles pour augmenter son bassin de clientèle.

Comme on le voit depuis le début, une bonne connaissance de nos clients et marchés actuels et futurs est génératrice de valeur ajoutée pour l'organisation et pour les individus qui la composent. Elle est un gage d'avenir et de pérennité, encore davantage en cette ère de consolidation.

1.1.1 Le phénomène des groupes de pratique et des équipes-clients

Vers le milieu des années 1990 et le début des années 2000, nous avons assisté à la naissance d'une structure plus poussée de groupes de pratique et d'équipes-clients au sein des cabinets d'avocats. Certains de ces groupes de pratique sont dédiés à une industrie (environnement, immobilier, construction, ou autre) ou à un secteur professionnel (relations de travail, fusions et acquisitions, fiscalité, etc.). Il s'agit d'unités d'affaires mises sur pied dans une tentative d'harmonisation et de coordination des efforts de développement à l'intérieur d'une même industrie ou d'un même domaine de pratique. Ce faisant, l'organisation peut atteindre une gestion plus efficace et efficiente de ses ressources et de ses investissements, en termes de marketing et de communications. Les équipes-clients, quant à elles, regroupent des professionnels desservant déjà un client actuel de l'organisation et pour lequel on souhaite élargir l'offre de services dans une même ville ou dans une autre région où elle a établi un bureau, ou encore un client potentiel pour lequel on compte démarrer une relation d'affaires. Les critères de définition des équipes-clients sont habituellement de trois ordres :

1. des clients d'envergure géographique auprès desquels le cabinet a déjà établi de solides relations d'affaires dans une région donnée, et pour lesquels l'organisation souhaite élargir sa prestation de services dans d'autres régions où ces clients sont établis en faisant appel à des professionnels qui y sont basés;

2. les clients les plus importants du cabinet, en termes de revenus générés par exemple, et pour lesquels on souhaite établir l'exclusivité et la pérennité d'une relation d'affaires;

3. des clients auprès desquels peu de services professionnels sont actuellement dispensés par le cabinet mais au sein desquels celui-ci dispose de contacts lui permettant d'aspirer à développer une relation d'affaires.

De façon générale, on constate que ce n'est pas tant la structure du groupe non plus qu'une approche structurée de développement d'affaires qui se révèlent les premiers enjeux liés à la constitution de ces unités d'affaires. C'est plutôt la communication qui représente l'enjeu principal car c'est par la communication que la création de ces groupes a pu donner lieu à un certain nombre de rapprochements entre les professionnels leur permettant d'échanger de l'information utile au bénéfice du développement de ces unités d'affaires.

En effet, les premières réunions convoquées par les dirigeants de certaines de ces unités d'affaires ont surtout porté sur le développement de la connaissance interne des professionnels. Les premières rencontres ont servi à permettre aux professionnels d'effectuer un tour de table où ils se sont présentés l'un à l'autre, ont pu exposer brièvement leurs expertises et le type de clientèle qu'ils desservent, ont posé des questions à leurs collègues d'autres régions pour en savoir plus sur les particularités de leur pratique. Les groupes de pratique et équipes-clients qui ont le mieux réussi leur phase de démarrage sont ceux qui ont pris soin d'établir ces premiers échanges car ils ont permis aux professionnels, avec le temps, d'en venir à partager de l'information plus stratégique pour atteindre les objectifs de développement de ces unités d'affaires.

Un autre constat relatif à l'apport de la communication dans la création des groupes de pratique et des équipes-clients est lié à l'impact à l'interne. En général, la direction d'un cabinet procède à la désignation et ensuite à l'annonce des responsables de ces unités d'affaires au sein de l'organisation. Les responsables de groupes de pratique et d'équipes-clients sont le plus souvent des associés comptant plusieurs années de pratique et reconnus comme des praticiens aguerris dans leur domaine. En dévoilant leur nom à l'interne, le cabinet réaffirme leur positionnement comme leaders et leur donne une visibilité qui contribue à accentuer leur crédibilité pour mener à bien l'équipe de professionnels qu'ils dirigent et atteindre ainsi les objectifs de développement de leurs unités d'affaires.

La direction d'une unité d'affaires, pour un professionnel, est loin d'être une mince tâche car personne ne les prépare à leur rôle de leader. Aussi, les attentes à leur égard et envers l'unité d'affaires ne sont pas toujours clairement définies. Pour certains, hériter de la responsabilité d'un groupe de pratique de grande envergure géographique constitue un véritable casse-tête considérant la diversité des façons de pratiquer le droit d'une région à l'autre. Enfin, et le plus important, pour tous, cette responsabilité n'est généralement assortie d'aucune reconnaissance financière ni révision de leur quota annuel d'heures à facturer : leur engagement dans cette fonction relève de leur implication attendue par la direction dans la vie sociale et économique du cabinet. Comme la rémunération demeure, encore de nos jours, basée principalement sur la performance individuelle, même les responsables de ces unités d'affaires continuent de privilégier en grande partie le développement de leur clientèle individuelle plutôt que celle du groupe de pratique ou de l'équipe-client qu'ils chapeautent.

La gestion par groupes de pratique ou équipes-clients présente de nombreux avantages lorsque l'organisation professionnelle parvient à trouver un bon équilibre entre les groupes dédiés à des secteurs professionnels, des industries ou des clients particuliers, et à assurer l'interrelation entre chacun. Les principales fonctions qui englobent la gestion par groupes de pratique ou équipes-clients sont :

- la direction et le leadership;

- le développement d'une vision et d'un plan d'affaires;

- la motivation des membres du groupe;

- la formation, le mentorat et le développement professionnel des membres du groupe;

- le développement de procédures assurant, entre autres, la gestion et la transmission des connaissances;

- la mise en place de mesures de suivi et de contrôle de la qualité des mandats, de la satisfaction de la clientèle, de la facturation, des revenus générés, et autres mesures servant à valider l'atteinte des objectifs.

Afin de diriger adéquatement un groupe de pratique ou une équipe-client, le responsable du groupe doit consacrer de nombreuses heures non facturables par année. En contrepartie, les avantages qu'en retire l'organisation sont éloquents :

- hausse de la profitabilité du cabinet;

- développement d'une capacité d'attraction des meilleurs clients, des meilleurs dossiers et des meilleures ressources;

- augmentation du sentiment d'appartenance;

- identification des futurs leaders de l'organisation;

- gage accru du cabinet à assurer sa pérennité.

La gestion par groupes de pratique ou équipes-clients est un excellent moyen d'améliorer la profitabilité d'une organisation. Mais pour réussir, l'organisation doit notamment être en mesure d'élaborer une description concrète du rôle et des responsabilités du responsable du groupe, d'établir des responsabilités et des liens d'autorité connus quant à la délégation du travail, et de mettre en place des critères de performance permettant au responsable du groupe de recevoir une juste compensation en échange de son implication comme gestionnaire du groupe.

À court terme, la gestion par groupes de pratique ou équipes-clients permet à l'organisation d'attirer une meilleure qualité de dossiers et d'offrir au client une valeur ajoutée. À long terme, l'organisation y gagne en efficience en bonne partie par une meilleure allocation des ressources selon les mandats à effectuer.

1.2 Diriger et gérer le changement

Le rythme des changements dans l'industrie des services juridiques n'est pas près de ralentir. Il risque même de s'accélérer dans les années à venir. À l'instar de nombreuses organisations de tous secteurs d'activités confondus et devant la pression exercée tant par la concurrence que par la nouvelle génération de professionnels qui prend la relève à l'interne, les cabinets d'avocats seront appelés à définir de nouveaux processus, à revoir leur stratégie, à vivre des fusions et des acquisitions, et à subir des transformations culturelles. En conséquence, ils devront éventuellement gérer de façon plus efficiente, améliorer la qualité de leurs services, dénicher de nouvelles opportunités de croissance et accroître leur productivité de façon à assurer leur survie.

Toute organisation qui vit des changements traverse forcément une zone de turbulences. La réussite d'un processus de changement passe par plusieurs étapes. L'auteur John K. Potter en identifie huit dans son ouvrage intitulé « Leading Change »[23] et l'industrie juridique peut s'en inspirer. L'auteur les définit, dans l'ordre, de la façon suivante :

1. « **Créer un sentiment d'urgence** par une analyse réaliste du marché et de la concurrence, par l'identification des menaces potentielles et des opportunités et la discussion autour de ces enjeux ». Le défi consiste à créer un sentiment d'urgence qui soit ni trop élevé – ce qui aurait pour effet de décourager les troupes dès le départ – ni trop faible – ce qui rendrait le processus moins crédible et moins engageant pour les membres de l'organisation.

2. « **Créer une coalition mobilisatrice** par la création d'un groupe habilité à diriger le changement, et en amenant ce groupe à travailler en équipe ». Les changements organisationnels, qu'ils soient petits ou grands, ne peuvent être menés par une seule et même personne. De même, la création d'une coalition dont les membres jouiraient de peu de crédibilité et qui ne paraîtraient pas en mesure de mener les changements, n'est pas non plus souhaitable. En fait, la création d'une équipe dont les membres travaillent ensemble dans un objectif commun et qui bénéficient de la confiance de leurs pairs constitue une étape importante dès les premiers stades du

processus de changement. En outre, la sélection des membres du groupe doit reposer sur des critères « de crédibilité, de représentativité, de leadership et d'expertise ».

3. « **Développer une vision et une stratégie** pour orienter les efforts dans une même direction ». Ici, le leadership prend tout son sens car c'est en se donnant et en communiquant une vision que les membres de l'organisation se sentiront interpellés et moins enclins à résister aux changements. « Une vision, c'est tout autre chose qu'un décret d'autorité ou que de la micro-gestion. Une vision traduit une image de l'avenir qui soit désirable, réaliste, centrée, flexible et facile à communiquer » de préciser John K. Potter. Dans un processus de changement, une organisation qui se donne une vision et qui la communique peut compter plus rapidement sur l'engagement des individus et mieux coordonner les actions, peu importe qu'ils soient quelques dizaines ou des milliers de personnes.

4. « **Communiquer la vision du changement** en usant de tous les moyens de communication possibles et en incitant la coalition mobilisatrice à montrer l'exemple quant aux comportements attendus ». On l'a vu, un message simple se conçoit clairement. La clarté et la simplicité des messages liés à la communication de la vision, de même que la forme que prendra cette communication – rencontres de groupe, notes internes et autres – et son moment de diffusion, seront utiles pour mobiliser les troupes.

5. « **Favoriser « l'autonomisation » des actions (du terme « empowerment ») à l'échelle de toute l'organisation**, en levant les obstacles au changement, en modifiant les systèmes ou les structures qui minent la vision du changement, et en encourageant les individus à prendre des risques et à proposer des idées, des activités et des actions qui sortent de l'ordinaire ». Cela comprend, entre autres, de revoir les façons de faire et les systèmes d'information qui ne permettraient pas à l'organisation de disposer des moyens lui permettant d'atteindre ses objectifs. Cela comprend aussi de confronter les comportements jugés à l'encontre des changements.

6. « **Provoquer de petites victoires**, en planifiant des améliora-
tions notables de la performance, et en reconnaissant et en
récompensant les individus qui ont réalisé ces gains ». Les
petites victoires démontrent que les efforts en valent la peine
et il est important de les valoriser, tout autant que les personnes qui les ont accomplies. Elles contribuent aussi à créer un
effet d'entraînement pour susciter encore plus d'idées, d'activités et d'individus à s'impliquer.

7. « **Consolider les gains et favoriser de nouveaux changements**, en usant d'une crédibilité accrue pour modifier les systèmes, les structures et les politiques qui ne concordent plus
avec la vision du changement, en embauchant et en développant des individus qui peuvent implanter la vision du changement, et en redynamisant le processus par de nouveaux
projets, de nouvelles thématiques et de nouveaux agents de
changement ». L'effet d'entraînement des petites victoires se
fait sentir : l'organisation peut adopter un rythme de changements plus profonds, plus rapides et plus intenses.

8. « **Ancrer les nouvelles approches dans la culture de
l'organisation** en améliorant la performance par des comportements orientés sur les clients et la productivité, en favorisant
le développement d'un meilleur leadership et d'une gestion
plus efficiente, en liant les nouveaux comportements aux succès de l'organisation et en mettant en place des mesures qui
favorisent le développement et le transfert du leadership aux
plus jeunes générations ». Le temps, une vigilance de tous les
instants et une communication soutenue assureront la pérennité des changements au sein de l'organisation.

1.2.1 Favoriser le changement de culture individualiste vers une culture de partage

Ce qui frappe souvent dans le fonctionnement d'un cabinet
d'avocats, c'est le peu d'échanges entre les professionnels lorsque vient le temps, entre autres, de planifier une démarche de
développement d'affaires. Bien que la plupart des avocats voient
un avantage à travailler en équipe, rares sont ceux qui acceptent
concrètement de mettre en commun certains types d'informations

qui permettraient d'élargir l'offre de services à un client existant dans une démarche de ventes croisées par exemple. Dans les plus petites organisations, où des procédés structurés ne sont pas toujours en place, il arrive que des professionnels se créent eux-mêmes des répertoires d'information sur leur poste de travail sans savoir qu'un collègue l'a peut-être déjà fait et sans toujours avoir, par exemple, la jurisprudence ou les procédures les plus à jour.

Certains professionnels parviennent à obtenir plus que leur part de mandats et contribuent à l'enrichissement collectif en déléguant du travail à d'autres professionnels de l'organisation ou de leur champ de pratique. Mais quand vient le temps de rendre à César ce qui appartient à César, l'avocat qui a le premier décroché la faveur du client et obtenu un mandat, même s'il n'en est pas l'exécutant direct, récolte en général la plus grande part des fruits tirés des honoraires.

Bien sûr, on peut comprendre que chaque professionnel est en soi une unité d'affaires, un entrepreneur qui, en cabinet privé par exemple, accepte de s'investir en collégialité avec ses pairs pour ce qui est du partage de certaines ressources (humaines, financières, de lieu de travail, etc.) tout en demeurant, au bout du compte, un entrepreneur relativement indépendant.

Mais la rémunération et le statut d'entrepreneur des avocats expliquent pour une large part le peu d'avantages que voient les professionnels à partager concrètement un certain nombre d'informations stratégiques et à mettre en place des mécanismes qui leur permettraient d'investir des efforts communs, organisés, disciplinés et réguliers à haut degré de rendement pour l'organisation dans son ensemble. Ces deux éléments contribuent aussi pour beaucoup à favoriser la concurrence à l'intérieur d'une organisation et à engendrer des situations potentiellement conflictuelles qui risquent de se retourner contre celle-ci. Combien de fois avez-vous entendu parler de deux avocats d'un même cabinet qui sollicitent, sans le savoir, le même client?

Bien que les professionnels reconnaissent ouvertement, en parole, les bienfaits d'une culture de partage à tous les niveaux de l'organisation, en pratique c'est tout autre chose. En général, chaque professionnel développe son propre réseau, sa propre connaissance de marché et de clientèle, sa propre expertise, ses propres relations d'affaires et, une fois de retour au bureau, il s'isole dans un silo.

1.2.2 L'enjeu de la rémunération

La rémunération des avocats est souvent basée sur la performance individuelle évaluée généralement en fonction d'un nombre d'heures à facturer pour l'année. Enjeu stratégique s'il en est un, la rémunération des professionnels constitue le principal fondement en vertu duquel, à l'heure actuelle, les avocats sont évalués dans le cadre d'un processus annuel impliquant leurs pairs. Pour les plus jeunes avocats, c'est l'occasion de positionner plus fermement leur candidature comme associé en présentant un nombre d'heures réalisées supérieur aux quotas fixés. Pour d'autres, la rémunération permet de maintenir un certain niveau de vie.

Certaines organisations professionnelles réalisent de plus en plus l'importance de réviser les procédures liées à la répartition des heures à facturer en fonction des professionnels impliqués dans un mandat, peu importe qu'il s'agisse du professionnel ayant le premier convaincu le client de faire affaire avec le cabinet ou du professionnel directement impliqué dans la réalisation du mandat et la relation avec le client. Des organisations professionnelles mettent en place des mécanismes d'analyse financière par secteur professionnel ou groupe de pratique, de façon à suivre l'évolution des revenus générés par un groupe plutôt que par un individu. D'autres organisations songent à mettre en place une formule de bonification lorsque des professionnels mettent en commun leur clientèle avec d'autres collègues dans le cadre d'un exercice planifié de ventes croisées générant des revenus additionnels par l'élargissement de l'offre de services à un client existant. D'autres organisations encore ont déjà amorcé des programmes dédiés aux jeunes avocats en rattachant un pourcentage de leur bonification à des objectifs de développement d'affaires interne et externe, établis à l'intérieur d'un plan d'affaires, de façon à les sensibiliser dès le début de leur pratique à une approche concertée sous la supervision d'associés. Le défi est de pouvoir mettre en perspective chacune de ces approches et de les évaluer en fonction des particularités de chaque organisation et du degré de réceptivité (« degree of readiness ») des membres à les endosser, pour ainsi en tirer les meilleurs bénéfices et l'adhésion de la majorité des membres.

Les organisations qui ont amorcé pareilles démarches de réflexion et mis en place de telles mesures – et certaines le font depuis quelques années à peine – se dotent d'un avantage concurrentiel supérieur et s'accordent de plus grandes chances de survie car elles contribuent à un changement de mentalité et de comportement à l'égard d'une culture de partage à tous les niveaux de l'organisation et dans toutes ses composantes, y compris pour ce qui concerne les questions financières, enjeu sensible s'il en est un.

1.2.3 Établir un réel et essentiel leadership à la haute direction

La direction d'une entreprise donne le ton à sa culture, ses valeurs, ses croyances, ses engagements, ses orientations stratégiques. Dans un cabinet d'avocats, la direction comprend habituellement un comité exécutif ou un conseil des associés dirigés par des professionnels. Certaines organisations professionnelles comptent dans les rangs de leur comité exécutif le plus haut gestionnaire en poste, en l'occurrence le directeur général ou le chef de l'exploitation, de même que les plus hauts gestionnaires fonctionnels – les directeurs responsables des finances (*Chief Financial Officer, CFO*), du marketing (*Chief Marketing Officer, CMO*), de l'administration (*Chief Administration Officer, CAO*), des technologies de l'information (*Chief Technology Officer, CTO*) et de l'information (*Chief Information Officer, CIO*).

Ce type de structure de direction s'appuie essentiellement sur une gestion par consensus, ce qui est compréhensible pour une organisation aussi politique qu'un cabinet. Les associés qui font partie du conseil de direction ont tous leur mot à dire sur les grandes orientations, les politiques, les finances, les embauches stratégiques, et autres enjeux, de sorte que les discussions peuvent souvent s'étaler sur une longue période de temps avant de déboucher sur une décision concrète. Il arrive parfois que des décisions arrêtées en conseil des associés soient remises en cause après coup lorsqu'elles suscitent auprès de l'ensemble des membres du cabinet de nouveaux questionnements. Il n'est pas rare non plus que des décisions importantes soient reportées d'un ordre du jour à l'autre, ralentissant ainsi l'avancement de certains projets. Œuvrer au sein d'une organisation professionnelle requiert bien souvent qu'un gestionnaire s'arme de patience...

Le conseil des associés ou comité exécutif est souvent dirigé par un associé directeur, un professionnel élu par ses pairs dans le cadre d'un processus électoral digne parfois des grandes campagnes politiques. L'associé directeur occupe un mandat d'une durée de trois ans en général et qui peut être renouvelé à une ou plusieurs reprises. Dans les grands cabinets, le processus électoral s'étend à l'élection d'associés directeurs régionaux, responsables de la direction d'une région géographique pouvant comprendre une seule ou plusieurs places d'affaires. Dans tous les cas, la fonction d'associé directeur est occupée par un professionnel devant respecter les vues de ses pairs lorsqu'elles sont exprimées par consensus. L'un des principaux objectifs de l'associé directeur est d'ailleurs de susciter le plus large consensus possible avant de prendre quelque décision d'importance que ce soit.

Pour permettre à l'associé directeur d'assumer ses fonctions, certains cabinets lui versent une rémunération particulière pour compenser le fait que sa production financière sera diminuée, et sa rémunération aussi. Dans de plus petites organisations, il arrive que l'associé directeur assume à la fois ses fonctions de leader et sa charge de développement de clientèle, ce qui, avec la croissance d'une organisation, peut s'avérer un défi de taille.

Dans un cabinet d'avocats, on est loin d'une société dirigée par une seule personne : un président et chef de la direction qui, tout en ayant des comptes à rendre au conseil d'administration, peut imprimer ses propres valeurs à l'ensemble de l'organisation en s'appuyant sur ses conseillers et gestionnaires senior.

Dans un tel contexte, le premier porteur du flambeau d'un cabinet d'avocats est l'associé directeur. Il doit posséder de solides aptitudes de leader pour diriger les destinées d'un type d'organisation appelé à se redéfinir à plusieurs niveaux pour faire face à la concurrence accrue dans l'industrie juridique.

Dans son livre intitulé « Les 21 lois irréfutables du leadership », John C. Maxwell énonce que « l'aptitude au leadership détermine le degré d'efficacité d'une personne » et que « combinée au pouvoir d'influence qu'exerce un bon leader, une organisation peut aspirer à de grands succès »[24].

Mais ne devient pas leader qui veut. Là, comme en toutes choses, la volonté et l'engagement sincère servent de point de départ pour quiconque souhaite développer ses habiletés de leadership. Les retombées se récoltent avec le temps, pas dans l'immédiat, d'autant plus que les dirigeants d'organisations professionnelles ont devant eux une route parsemée de transformations. Les dirigeants qui sont les plus habiles à rassurer leurs troupes devant la résistance au changement et à faire preuve de créativité, en étant transparents et accessibles à l'ensemble des membres de l'organisation – les juristes comme les non juristes – sauront relever les obstacles.

En fait, le leadership naît et se développe par l'écoute :

- de soi-même comme dirigeant, pour connaître ses valeurs, ses connaissances, ses compétences, ses aptitudes et ses comportements;

- de l'organisation, pour en comprendre les enjeux, les objectifs, la culture;

- des membres de son équipe et de l'organisation, pour reconnaître les forces qui se complètent et les synergies gagnantes de façon à pouvoir s'y appuyer pour réaliser sa vision;

- de sa vision et de ses rêves, car ils sont porteurs d'avenir pour l'organisation et tous ses membres;

- des risques qui proviennent de l'intérieur tout comme de l'extérieur de l'organisation, de façon à rallier les troupes autour de l'innovation et à soutenir les meilleures solutions pour la collectivité.

1.2.4 La communication comme moteur du changement

La communication sert de courroie de transmission au changement. À partir du moment où des avocats – qu'ils soient d'un même bureau ou de plusieurs régions géographiques – découvrent des points d'intérêt communs, échangent sur leur pratique, posent des constats quant aux besoins et au profil de leur clientèle, et parviennent à se donner des objectifs communs, il en résulte un niveau de connaissance qui facilite les échanges et qui ouvre la voie, en quelque sorte, à d'autres changements.

Depuis les dernières années, bon nombre de cabinets d'avocats vivent cette tendance à l'ouverture grâce, entre autres, à la création de groupes de pratique et d'équipes-clients. Mais ce n'est pas avant plusieurs années encore que nous assisterons à une véritable transformation au profit d'une culture axée sur une rémunération qui apprécie et reconnaît davantage les efforts collectifs de développement d'affaires en se fondant sur l'échange d'information à tous les niveaux de l'organisation.

Cela exige un leadership fort de la direction et l'engagement d'une communication transparente et soutenue avec l'ensemble des membres de l'organisation. Cela exige aussi une réelle volonté des avocats d'aller au-delà des mots et de soutenir les décisions de la direction.

1.2.5 La gestion du savoir (Knowledge Management)

Plusieurs cabinets d'avocats réalisent l'importance des connaissances qui sont acquises et développées au sein de leur organisation, et cherchent à trouver le meilleur moyen d'en assurer le transfert et la pérennité reconnaissant qu'il s'agit là de plus en plus d'un enjeu stratégique. Certains se sont dotés de comités de gestion du savoir, le plus souvent dirigés par des associés et impliquant à l'occasion des non juristes – tels que les professionnels du marketing, des ressources humaines et des technologies de l'information – car ces comités reconnaissent d'emblée deux volets principaux à la gestion du savoir : le savoir interne et le savoir externe.

Comme l'expose Gretta Rusanow, l'auteure de l'ouvrage « Knowledge Management and the Smarter Lawyer »[25], les défis que pose la gestion du savoir sont nombreux, à commencer par le sens large et englobant de la notion même de « gestion du savoir ». Un deuxième défi consiste à arrimer la gestion du savoir au plan stratégique et aux objectifs financiers du cabinet, alors que bon nombre d'organisations professionnelles ne disposent pas toujours d'un bon plan stratégique.

1. *Définir la gestion du savoir.*

La démarche la plus souvent souhaitable pour une organisation qui amorce une réflexion sur la gestion du savoir est d'abord de définir cette notion.

La gestion du savoir, c'est la gestion du capital intellectuel d'une organisation. Le savoir, ce sont les connaissances, et le savoir-faire, ce sont les compétences.

2. *Relier le savoir et le savoir-faire à des outils, méthodes et systèmes concrets au sein de l'organisation.*

Le fait d'identifier, d'analyser et d'évaluer les méthodes, systèmes et pratiques en vigueur au sein d'une organisation et qui comportent des éléments de savoir et de savoir-faire, permet d'illustrer concrètement le degré de maturité du cabinet en matière de gestion du savoir. Citons par exemple le degré de sophistication des systèmes comptables et financiers, la pertinence des informations sur le site Web et la rapidité avec laquelle ces informations sont mises à jour, la régularité des bulletins d'information diffusés aux clients, les modèles les plus récents de contrats, de procédures et d'opinions intégrant notamment des commentaires quant à leur contexte d'utilisation, les présentations de conférence ayant connu le plus de succès auprès de la clientèle, les articles ayant suscité le plus d'intérêt par les médias, etc.

À cette étape, lorsque cela est possible, il est opportun d'effectuer également le recensement des outils et des meilleures pratiques en vigueur dans l'industrie.

3. *Valoriser la gestion du savoir en termes quantitatifs et qualitatifs.*

Les avantages de la gestion du savoir sont nombreux pour les organisations professionnelles.

Par exemple, la mise en place d'incitatifs financiers sous la forme d'une bonification ou d'une formule intégrée dans le calcul de la rémunération basée sur des heures à facturer, et qui reconnaîtrait la délégation des mandats à l'interne, le partage de l'information, des connaissances ou des relations d'affaires entre les professionnels, les secteurs de pratique professionnelle, et les différents bureaux de l'organisation, permettrait de favoriser le développement d'une « culture de partage » – des informations, des expertises, des compétences – et ainsi de valoriser les avantages qui en découlent pour l'ensemble de l'organisation. Parmi les grands avantages qu'en tireraient les organisations et les professionnels figurent :

- l'augmentation des revenus tout en limitant l'augmentation des dépenses;

- une cohésion et une cohérence à tous les niveaux de l'organisation;

- la capacité d'attirer et de développer une nouvelle génération de *rainmakers*;

- la fidélisation de la clientèle;

- une amélioration de l'image du cabinet par un travail d'équipe visible aux yeux du client et exercé dans l'intérêt de celui-ci.

Pour y parvenir, la direction du cabinet doit sensibiliser l'ensemble de l'organisation sur le « What's in it for me » du point de vue de l'organisation et de ses membres, et sur le fait qu'un changement de culture, ça prend du temps! Il vaut mieux commencer maintenant à adopter de nouvelles approches et générer de nouveaux comportements pour en ressentir les retombées réelles plus rapidement.

4. *Arrimer la gestion du savoir aux objectifs stratégiques de l'organisation.*

Considérant l'évolution de l'industrie juridique, la gestion du savoir – et, plus globalement, la culture de partage – constitue un facteur de différenciation clé particulièrement au sein d'organisations où des valeurs fortes telles que le respect, la créativité, la qualité exceptionnelle du service à la clientèle, l'excellence et la performance sont véhiculées.

Une organisation qui a pour objectif d'augmenter ses revenus en limitant l'augmentation de ses dépenses voudra, par exemple, prioriser des initiatives de ventes croisées (*cross-selling*). L'organisation atteindra plus aisément son objectif si elle dispose de systèmes, de ressources et de procédures permettant à l'ensemble de ses membres d'avoir accès rapidement et efficacement à la liste des clients actuels, aux services et mandats réalisés pour ces clients, à leurs collègues responsables, aux revenus générés, etc.

Prenons aussi le cas d'une organisation qui souhaite améliorer son positionnement sur un marché en particulier. Pour ce faire, elle voudra attirer les meilleurs clients, les meilleurs effectifs et les meilleurs mandats. Elle voudra également se différencier de la concurrence par des expertises spécifiques ou encore, par une valeur ajoutée qui a du prix aux yeux de la clientèle. Outre les outils et les ressources qui lui permettront d'identifier ses cibles de marché et les initiatives de communication externe qui l'assureront d'une plus grande visibilité, des programmes de recrutement et de mentorat compétitifs et adaptés aux besoins des professionnels devraient figurer parmi les moyens mis en place.

5. *Éviter les pièges en étant conscient du rôle d'agent de changement.*

Bon nombre d'initiatives liées à la gestion du savoir échouent principalement parce que les membres de comités de gestion du savoir constatent rapidement l'ampleur de la tâche qui les attend lorsqu'il est question de modifier les comportements individuels pour valoriser les échanges à l'échelle de la collectivité.

Deuxièmement, comme l'organisation ne dispose pas toujours d'un bon plan stratégique, il devient difficile de bâtir un plan d'actions concret qui permet de relier directement des objectifs de gestion du savoir à des objectifs stratégiques. Sur ce point, l'apport et le leadership de la haute direction deviennent essentiels pour contribuer à l'élaboration d'un bon plan de match pour l'organisation, et mobiliser toutes les ressources de l'organisation dans la direction choisie.

Troisièmement, devant l'immensité des composantes qui entrent dans la notion large de gestion du savoir, des comités de gestion du savoir préfèrent morceler la question en projets et initiatives d'ampleur plus terre à terre. Ce faisant toutefois, la gestion du savoir retourne souvent à ce qu'elle n'est pas : une simple question de systèmes et de procédures informatiques.

Quatrièmement, on constate que la gestion du savoir interpelle toutes les fonctions administratives – non seulement le marketing, les ressources humaines et les technologies de l'information – ainsi que toutes les ressources de l'organisation – y compris les partenaires, les fournisseurs, les clients et le personnel administratif. Les leaders de comités de gestion du savoir réalisent qu'ils doivent mener des consultations qui impliquent davantage que leurs pairs. Ils doivent aussi consulter les responsables de l'administration et des finances de l'organisation, de même qu'inclure dans leur réflexion les intervenants externes comme l'institution financière, la clientèle actuelle, les partenaires d'affaires et autres.

Malgré les embûches, l'exercice de réflexion sur la gestion du savoir d'une organisation professionnelle s'avère révélateur quant à l'enjeu crucial que constituent la promotion et le développement d'une culture de partage au sein des organisations professionnelles et, plus particulièrement, des cabinets d'avocats. Les organisations professionnelles qui ont entamé cet exercice de réflexion en posant des gestes concrets gagnent en efficacité, en efficience et en profitabilité. Elles créent une plus grande mobilisation de leurs ressources à l'interne et projettent une bien meilleure image d'elles-mêmes.

1.2.6 Miser sur les jeunes – la relève

Plusieurs cabinets sont à revoir les programmes de mise à la retraite des associés en y intégrant un plan de transfert de clientèle vers de plus jeunes praticiens. L'objectif est d'assurer la rétention du client mais les moyens utilisés ne permettent pas toujours d'atteindre cet objectif. Du fait du peu de valeur qu'on accorde à l'échange d'information stratégique à l'intérieur même des unités d'affaires, les cabinets ne sont généralement pas bien préparés à assurer une transition harmonieuse des dossiers entre professionnels.

En premier lieu, on sous-estime le degré de solidité qu'une relation de confiance peut atteindre, après des années, entre un associé et son client. En phase de transition de clientèle, l'associé provoquera des échanges et des rencontres entre son client et les plus jeunes professionnels qui prennent la relève de ses dossiers afin de créer un contact propice au développement d'une relation de confiance. Même si ces étapes se franchissent généralement avec courtoisie, la première erreur courante est de croire que le client acceptera relativement facilement de faire affaire avec un plus jeune professionnel. Il arrive souvent que le client continue de communiquer directement avec le professionnel senior pour faire le suivi de ses dossiers et ce, malgré toute la bonne volonté, les efforts louables et la compétence déployée par le plus jeune professionnel. Il arrive aussi que le client démontre ouvertement de l'inquiétude, voire de l'insatisfaction, devant l'associé qui lui annonce sa retraite prochaine tout en lui présentant son nouveau « protégé » – comme si on le poussait gentiment dans les bras d'un autre amoureux.

On ne saurait non plus sous-estimer l'importance que représente un client dans la vie d'un associé qui s'approche de la retraite, car justement la relation qui s'est établie entre ces deux personnes est bien souvent l'histoire d'une vie. On peut comprendre la résistance tout à fait naturelle d'un associé senior face à la perspective de laisser aller un client « dans les bras d'un autre » professionnel.

Un plan de transfert de clientèle devrait s'amorcer au moins cinq ans avant l'année de retraite d'un associé, et viser des échelons hiérarchiques permettant d'associer des générations et des profils similaires de professionnels et de clients. Un plan de transfert de clientèle doit permettre d'identifier et éventuellement, d'apparier les jeunes praticiens qui sont le plus susceptibles d'être en harmonie avec la personnalité, les intérêts et les besoins du client de façon à favoriser le développement d'une relation de confiance. La création d'une petite équipe de travail permettra d'échanger de l'information sur l'organisation du client et de cibler les ressources de cette organisation qui sont les plus susceptibles de grimper les échelons décisionnels. En favorisant les échanges et des rencontres entre des niveaux hiérarchiques assortis, tant en termes d'âge, de valeurs et d'intérêt, le cabinet établit les bases d'une nouvelle génération de relations d'affaires.

Miser sur les jeunes, c'est aussi pousser plus loin le concept de mentorat, qui fait partie généralement des programmes offerts aux étudiants qui se joignent à un cabinet, en les intégrant directement dans des équipes de travail, en les impliquant dans des dossiers importants, et en leur offrant des outils pour favoriser leur propre développement. Les jeunes professionnels qui commencent leur carrière se sentent souvent laissés à eux-mêmes, particulièrement en termes de développement d'affaires. Ils ont aussi grand intérêt à se faire connaître à l'intérieur de leur organisation et à établir, là aussi, des liens de confiance avec leurs pairs. Un bon programme de mentorat doit permettre de cibler et d'apparier des professionnels de longue expérience qui ont vraiment le goût de s'engager auprès des jeunes et qui peuvent rapidement faire une différence auprès d'eux dès le début de leur carrière.

Les professionnels de longue date, et particulièrement ceux qui approchent de la retraite, grandissent avec leur client. Il est tout à fait normal de permettre aux plus jeunes de pouvoir le faire aussi. Un engagement concret de la haute direction du cabinet à favoriser de tels programmes de transfert de clientèle et de mentorat permettra aux jeunes de bénéficier d'un réel sentiment d'appui et de développer eux-mêmes des liens de confiance avec leurs collègues à l'interne, avec leurs vis-à-vis de niveau hiérarchique et d'intérêt similaires au sein d'une organisation cliente ainsi qu'avec tout client potentiel rencontré dans le cadre de ses activités de réseautage. C'est là un gage de pérennité pour l'organisation car elle en tire des bénéfices en termes de fidélisation de clientèle, de saine croissance de ses revenus, d'implication et de mobilisation de ses ressources internes autour d'objectifs communs.

1.2.7 Identifier et soutenir les grands développeurs

Chaque individu est unique par sa personnalité et ses talents. Il n'est pas donné à tous les professionnels d'être totalement à l'aise dans leurs relations avec les autres. Bien sûr, l'aisance à communiquer est un talent qui se développe mais certains seront naturellement plus à l'aise que d'autres, ce qui leur permettra d'amorcer leur parcours de développement d'affaires avec plus de facilité. Il est relativement facile d'identifier ces développeurs potentiels car ceux-ci font montre d'un intérêt concret à développer et à tenter diverses approches auprès de la clientèle, de même qu'à s'impliquer au sein de leur organisation, tout comme auprès d'associations ou organisations externes. D'autres auront des talents particuliers dans la rédaction, que ce soit pour des conférences ou des articles. Certains encore démontreront plus vite un niveau de compétence et de maturité qui leur permet de s'impliquer dans des dossiers plus complexes et ainsi assurer un service de qualité supérieure tout en se positionnant comme conseiller stratégique.

L'une des façons pour une organisation d'assurer une saine croissance de ses activités est de poser un regard critique sur la qualité et la pérennité de sa clientèle en évaluant le profil et la répartition de celle-ci sur une base régulière. Règle générale,

20 % de la clientèle génère 80 % des revenus de l'organisation – c'est la fameuse Loi de Pareto. La même règle s'applique pour une organisation qui souhaite soutenir ses développeurs. En posant un regard critique sur les talents et la personnalité de ses professionnels et sur leur capacité à générer des retombées de développement de clientèle concrètes et potentiellement durables, l'organisation s'assure d'une saine croissance organique.

Plus concrètement, le fait d'instaurer un programme d'élaboration et de suivi de plans d'affaires qui intègre une bonification financière reliée au développement de clientèle chez les jeunes professionnels permet de les identifier. Une fois ciblés, les jeunes professionnels peuvent faire l'objet d'un support accru de l'organisation en termes de budget de développement individuel et de *coaching* de la part de collègues comptant plus d'ancienneté.

Toutefois, la transparence et une communication de tous les instants sont essentielles de la part de la haute direction de façon à éviter la création de clans à l'intérieur de l'organisation : les grands développeurs et les autres. Toutes les compétences et toutes les personnalités ont intérêt à se rallier autour d'un objectif commun, celui de faire progresser l'organisation dans son ensemble et ce, à tous points de vue. Tous les talents sont complémentaires et créent de la valeur. L'idée pour une organisation est de viser l'équilibre de son « portefeuille » de compétences et d'habiletés, de conseillers juridiques et de conseillers stratégiques, de *rainmakers* et de receveurs d'ouvrage à l'interne.

1.3 L'apport des nouvelles tendances technologiques – le Web 2.0 au service des professionnels

Ces dernières années, on assiste à l'émergence d'un nouvel environnement sur le Web qui prend la forme de blogues, de forums de discussion, de communautés d'intérêt, de sites de partage de contenu ainsi que de réseautage social dont les plus connus de nos jours sont Facebook et MySpace. La particularité de ce phénomène vient du fait que les relations qui s'établissent sur le Web se font désormais d'individu à individu – le traditionnel bouche-à-oreille vit une mutation sur la place de marché virtuel :

le consommateur prend le dessus par rapport aux médias traditionnels.

Des entreprises goûtent déjà à la médecine de ces tissus socio-virtuels où, en émettant un simple commentaire, un internaute peut rallier des milliers de partisans en temps réel et forcer une entreprise productrice d'un bien de consommation par exemple à rajuster sa stratégie de commercialisation. C'est le cas, entre autres, de la société Cadbury Schweppes qui a dû, à l'automne 2007, remettre en production sa tablette de chocolat Wispa sous la pression de milliers d'internautes qui se plaignaient de sa disparition sur des blogues et sur Facebook.

Le Web est devenu un outil redoutable à la disposition des consommateurs et il est très difficile, voire impossible, de contrôler cet univers virtuel car il remplace les environnements traditionnellement contrôlés comme les pages d'un journal. Les internautes ne sont plus passifs et font désormais partie d'un système collaboratif alimenté par des utilisateurs qui, de partout dans le monde, partagent des photos ou des vidéos et expriment leurs commentaires personnels à propos de tout et de rien.

L'industrie des services professionnels est, elle aussi, touchée par le phénomène car le critère de référence – le bouche-à-oreille – constitue un important facteur de choix d'un cabinet de services professionnels pour un prospect. Certaines organisations professionnelles commencent d'ailleurs à intégrer certains outils du Web 2.0 dans leur stratégie Web, entre autres la technologie RSS (*Really Simple Syndication*), une fonctionnalité sous forme de fichier XML popularisé par les blogueurs, et qui permet à son utilisateur d'être informé immédiatement de la mise à jour d'un site Internet sans avoir à le consulter. Les fils RSS – « news feed » – sont plus simples et plus rapides à produire qu'un bulletin ou qu'un article et ils permettent également un filtrage plus fin de l'information. Pour les lire, il faut un lecteur RSS ou un agrégateur de fils RSS – « feed reader » ou « news aggregator ». Il s'agit d'un logiciel qui affiche de manière lisible les fils RSS et qui permet de les classer et de les gérer individuellement ou en bloc. Un bon lecteur RSS doit être capable d'importer un ensemble de fils RSS – par exemple, les nouveautés d'un ensemble de sites Web –, pour éviter d'avoir à s'abonner individuellement à plusieurs centaines de fils. Son utilité est indéniable car il permet de pousser de l'information à l'utilisateur – plutôt que l'utilisateur ait à en faire la recherche – et d'obtenir plus d'information, plus vite et surtout mieux filtrée, car elle s'apparente à un sommaire de revue, les sujets inintéressants en moins[26]. La technologie RSS peut donc constituer un bon système de veille pouvant servir à recueillir des informations stratégiques sur la clientèle, sur les marchés et les industries, et sur la concurrence.

Un article tiré du site cioinsight.com et intitulé « Technology : Taking Web 2.0 to the Legal World »)[27] relate le cas d'un cabinet d'avocats établi à Toronto qui, confronté à la prolifération de bulletins d'information internes, et de documents et d'articles d'intérêt juridique diffusés tant bien que mal par courriel, tout comme devant le manque chronique de temps des professionnels pour les consulter, a récemment intégré la technologie RSS pour « pousser » de l'information succincte et pertinente aux avocats. La technologie est connectée au système de gestion documentaire du cabinet, un système qui génère de l'interne une quantité appréciable de contenu et qui est lui-même alimenté d'une tierce partie par du contenu provenant de l'extérieur de l'organisation. La mise en place de cette solution permet dorénavant l'affichage direct sur la page d'accueil de chaque avocat des nouvelles, articles et sujets reliés directement à leurs champs d'intérêt et leur pratique. La technologie RSS permet de centraliser la gestion de l'information et de transmettre aux professionnels du contenu qu'ils ont intérêt à connaître et à consulter.

Les communautés d'intérêt constituent un autre phénomène relié à l'émergence du Web 2.0 et avec lequel les organisations professionnelles devront apprendre à composer. Les communautés d'intérêt sont des regroupements d'individus ou d'entreprises qui s'établissent sur le Web autour d'une passion ou d'un intérêt en commun de façon à provoquer des échanges et à partager de l'information exclusive à cette communauté. Le contenu qui est partagé à l'intérieur de cette communauté, et qui demeure accessible au grand nombre d'usagers qui naviguent sur le Web, est généré par les usagers (*User-Generated Content*) et est gratuit.

C'est la valeur ajoutée du contenu offert en ligne qui crée l'engouement et la circulation sur ces sites de communautés d'intérêt – l'information qui y est présentée doit donc être promue comme un service supplémentaire au client et être tournée vers l'extérieur.

Au-delà de la vitrine Internet que se donne une organisation professionnelle par le biais de son site Web, les nouvelles tendances technologiques liées au Web 2.0 influencent les communications entre les individus. Le défi pour les professionnels sera de continuer à s'ajuster à ces nouvelles tendances et à les intégrer dans leur stratégie Web tout en ne perdant pas de vue l'importance d'entretenir des contacts personnels et de déployer ses habiletés inter-personnelles. Elles constituent tout autant une source d'information que de promotion pour les professionnels.

2
La distinction des rôles entre les professionnels et les non-professionnels

Les cabinets d'avocats embauchent de plus en plus de gestionnaires pour les appuyer dans l'administration au quotidien de leurs activités. La plupart ont en poste un directeur ou une directrice général(e) qui présente, en majorité, un profil financier ou comptable, leur rôle premier étant de veiller sur le « portefeuille » de l'organisation.

Toutefois, avec les préoccupations grandissantes de se démarquer à tous points de vue, les cabinets d'avocats se dotent depuis quelques années de ressources formées et expérimentées dans d'autres sphères de compétence. Nous assistons à l'émergence de professionnels non avocats au sein de ces organisations, dans les domaines de la gestion en général, de la finance et de la comptabilité, des technologies de l'information, des ressources humaines et bien sûr du marketing, de la communication et du développement d'affaires. La plupart des cabinets d'avocats, même ceux de plus petite taille, commencent à se doter d'une structure administrative plus compétente et expérimentée pour les conseiller dans les différentes sphères d'activités de l'organisation de façon à prendre le pas – voire, imposer la marche – dans l'industrie. Certains cabinets se questionnent même sur la pertinence d'avoir un haut gestionnaire rattaché uniquement au monde de la finance plutôt qu'au marketing pour les guider dans l'atteinte des objectifs de l'organisation dans un contexte de changements.

Les professionnels non-avocats commencent donc, eux aussi, à s'intéresser à l'industrie juridique. Et à joindre les rangs des cabinets d'avocats. Le phénomène est assez récent et n'est pas sans créer des changements, très sains du reste, à l'interne tout comme dans l'environnement externe des organisations. Et ce n'est pas terminé.

D'une part, longtemps considérés comme des clubs fermés et conscients des préjugés à leur endroit, les cabinets d'avocats s'ouvrent peu à peu au monde extérieur et s'intéressent à leur positionnement et à leur image. Ils réalisent à quel point il leur est important, pour assurer leur survie, de recruter les meilleurs candidats et de les retenir. Ils souhaitent être en accord technologique avec leurs clients d'une diversité d'industries et veillent, pour ce faire, à se doter d'équipement informatique sophistiqué. Ils se heurtent aussi, et de plus en plus, aux exigences d'une clientèle vers qui le monopole du choix a basculé pour choisir la firme professionnelle qui saura le mieux la courtiser et la convaincre de la qualité et de la pertinence de ses services.

Les médias d'affaires s'intéressent de plus en plus à la dynamique de l'industrie juridique en couvrant les mouvements des avocats d'un cabinet à l'autre ainsi que les causes et les transactions marquantes. On a vu apparaître plusieurs médias spécialisés du monde juridique ces dernières années, tant dans l'imprimé que sur le Web. Des journalistes se spécialisent dans la couverture du milieu professionnel et produisent des chroniques régulières sur la question. En matière de recrutement, des firmes d'envergure internationale consacrent désormais une partie de leurs ressources au recrutement spécialisé en milieu juridique. Sur le plan technologique, de grandes sociétés ont investi d'importants efforts de ventes pour solliciter la clientèle des cabinets d'avocats en leur offrant des logiciels intégrés tant pour leur comptabilité que pour la gestion des relations avec la clientèle (*Client Relationship Management, CRM*).

Historiquement, les avocats se sont toujours partagés entre eux les tâches administratives de leur organisation. Certains ont été désignés pour prendre en charge les volets du marketing, des technologies ou du recrutement universitaire, par exemple. L'arrivée de nouveaux joueurs non-juristes dans leurs rangs, pour prendre à leur tour en charge des responsabilités qui étaient jusqu'alors les leurs, crée forcément des tensions. Tous les professionnels non-juristes vous le diront : il est difficile d'exercer pleinement ses compétences lorsque le pouvoir réel de décision ne vous appartient pas. Les avocats demeurent encore très – parfois trop – impliqués dans le prise de décisions lié à toutes les fonctions administratives de leur organisation, ce qui a souvent pour effet de ralentir le processus de décisions et freiner l'atteinte des résultats, et cela se répercute aussi dans le domaine du développement des affaires.

L'atteinte d'un juste équilibre entre la direction professionnelle quant à l'orientation stratégique de l'organisation et l'administration générale quant à la gestion des fonctions inhérentes à l'organisation est la voie de l'avenir, et elle passe forcément par un partage mieux défini des rôles entre les avocats et les non-avocats. Cette évolution implique d'établir et de mobiliser l'organisation autour de la délégation de pouvoir réel aux professionnels qu'elle engage, ainsi que de la reconnaissance et du respect des forces de chacun.

2.1 Développer une culture d'entreprise professionnelle centrée sur le client

À l'heure actuelle, les cabinets d'avocats souffrent de carences qui ne se retrouvent pas souvent au sein d'une grande entreprise : l'absence d'un plan stratégique, l'existence d'un leadership souvent à temps partiel où l'associé dirigeant doit conserver une partie de sa pratique professionnelle, l'inexistence d'une fonction marketing distincte permettant d'anticiper et de répondre aux besoins de la clientèle, le peu de gestion par objectifs et une politique de rémunération qui favorise généralement l'individu plutôt que la collectivité. Enfin, soulignons également la présence de deux groupes d'employés ayant des degrés d'interaction qui varient beaucoup d'une organisation à l'autre – les avocats d'un côté, les non-avocats de l'autre. Heureusement, ces carences ont tendance à se résorber et les transformations souhaitées iront en s'accélérant au fur et à mesure que les hauts dirigeants des organisations professionnelles, particulièrement en milieu juridique, favoriseront un transfert réel de responsabilités et de pouvoir de décision aux gestionnaires spécialisés qu'ils embauchent. On peut même formuler l'hypothèse qu'avec le temps, les politiques de rétention des gestionnaires talentueux comprendront des mécanismes de participation aux bénéfices. Pour le moment, il existe des contraintes légales qui restreignent fortement ces possibilités en cabinets d'avocats mais cela est appelé à changer et il est même souhaitable que cela change.

Les cabinets comptables figurent parmi les organisations professionnelles qui ont beaucoup fait évoluer leurs structures depuis les années 1970, ayant eu à faire face à une vaste consolidation : des huit grandes firmes professionnelles comptables de l'époque, il en reste quatre de nos jours (les *Big Four*)[28]. On peut penser que le phénomène s'étendra à d'autres organisations comme les cabinets d'avocats.

Le fait de développer une culture organisationnelle dirigée par un professionnel se faisant le représentant de l'ensemble des membres du cabinet, y compris du personnel administratif, tout en laissant le soin à des gestionnaires expérimentés de diriger les fonctions administratives de l'organisation, permettrait de faire évoluer le cabinet à tous les niveaux. Encore aujourd'hui, le personnel administratif est souvent considéré à part par les professionnels. Il y a souvent peu de synergie entre les deux groupes, et peu d'occasions sont créées pour la favoriser. On peut penser qu'un jour, une organisation professionnelle sera dirigée par un professionnel qui saura présider à ses destinées stratégiques. Ce sera un leader qui sera en mesure d'apporter de la profondeur à l'organisation dans toutes ses dimensions, et qui saura communiquer le plan de match à tous ses membres sans distinction de statut de façon à mobiliser toute l'organisation dans une même direction. Dans cette même organisation, des gestionnaires expérimentés viendront supporter la direction et tous les autres professionnels se consacreront à ce qu'ils font de mieux : mettre leur expertise au service du client.

2.1.1 Pousser plus loin le concept de multidisciplinarité (MDP, Multidisciplinary Partnerships)

Dans un article publié en mai 2008 par le magazine canadien LEXPERT[29], un magazine spécialisé du domaine juridique, on raconte que vers la fin des années 1990, les grands cabinets comptables se sont fait les champions de la multidisciplinarité en clamant haut et fort qu'ils s'apprêtaient à élargir leur offre de services professionnels en intégrant des avocats dans leurs rangs. Le débat s'est enclenché à l'échelle des Barreaux au Canada quant aux avantages et aux écueils de ce concept, et certains ont même prédit la fin des cabinets d'avocats. Force est de constater que ce n'est pas le cas. Une chose est sûre toutefois : le concept de multidisciplinarité a progressé à l'intérieur de certaines organisations professionnelles.

L'un des auteurs de l'ouvrage collectif paru en 2001 « Quel Avocat pour le 21e siècle? », Marc Vandemeulebroeke, précise que « la multidisciplinarité consiste pour un avocat ou un cabinet d'avocats à exercer sa profession aux côtés d'autres professionnels en vue d'offrir à des clients, le plus souvent communs, une palette de services la plus large possible exercés de façon intégrée. C'est donc un effet de synergie qui est recherché, fondé sur une vision commune des besoins des clients et sur une culture de groupe où chacun travaille en fonction des autres dans l'intérêt du client. Chacun des membres du MDP constitue un point d'accès aux services des autres ».[30]

De fait, quand on se place du point de vue des besoins et des exigences du client, la multidisciplinarité fait bien du sens. Les besoins de la clientèle de services professionnels ont évolué en complexité ces dernières années et il n'est pas rare que des avocats et des comptables mettent actuellement en commun leur expertise dans certains dossiers, dans une approche intégrée. L'approche d'équipe séduit d'ailleurs de plus en plus une certaine part de clientèle qui souhaite consolider en un seul point d'accès les services qu'elle requiert pour trouver les solutions les plus pertinentes aux multiples facettes des enjeux auxquels elle fait face.

Aussi, des cabinets d'avocats, et plus particulièrement les firmes de grande taille, ont commencé à intégrer dans leur structure des professionnels autres que des avocats. On le voit le plus souvent dans le domaine de la propriété intellectuelle avec l'arrivée d'agents de brevets et d'agents de marques de commerce au sein de ces organisations. Bon nombre de cabinets d'avocats considèrent et traitent ces professionnels de la même manière que les avocats en leur accordant le statut d'associé et en les faisant activement prendre part à l'avancement de l'organisation. Des cabinets d'avocats comptent également dans leurs rangs des notaires, des ingénieurs, des biologistes, et des comptables aussi dans leurs départements de fiscalité. Par contre, plusieurs de ces professionnels non-avocats doivent traiter et conserver leurs dossiers dans un espace distinct et isolé de ceux de leurs collègues juridiques.

Les Barreaux n'auront d'autre choix que d'assouplir les contraintes légales qui empêchent à l'heure actuelle l'intégration des professionnels de toutes disciplines confondues à l'intérieur d'une même organisation. L'évolution du débat autour de cette question permettra éventuellement de trouver la bonne formule qui permettra à la clientèle d'avoir accès à ce qu'elle recherche comme expertises complémentaires et aux professionnels de se concentrer sur ce qu'ils savent faire de mieux : aller chercher des clients, bien les servir sur tous les plans et les garder longtemps!

2.1.2 Abolir les comités de marketing et de développement d'affaires

Certains cabinets d'avocats comptent toujours dans leur structure de gestion des comités dirigés en général par des associés et chargés de divers aspects fonctionnels : les comités associés au marketing et au développement d'affaires, aux technologies de l'information, au recrutement universitaire et même, au site Web, figurent parmi les plus couramment rencontrés dans ces organisations. Les comités de marketing et de développement d'affaires se composent, en règle générale, d'un groupe d'associés provenant de différents champs de pratique et d'industries. Ce sont habituellement des associés senior ou en pleine ascension de carrière qui en font partie.

Heureusement, ces comités ont peu à peu tendance à disparaître. Et c'est tant mieux car souvent, en parallèle, les organisations professionnelles se structurent de plus en plus en groupes de pratique associés à des champs de pratique ou des industries ainsi qu'en équipes-clients de façon à mieux encadrer et optimiser les activités de développement et de rétention de la clientèle.

Il reste tout de même certains cabinets d'avocats à l'intérieur desquels on trouve des comités de marketing et de développement d'affaires. Et pour les professionnels du marketing qui œuvrent au sein de ces organisations et qui doivent composer avec une structure déjà fort complexe de prise de décisions, ces comités viennent souvent diluer encore plus leurs efforts et faire double-emploi de ressources déjà restreintes. Pour un professionnel du marketing, il est important de pouvoir compter en tout temps sur le « pouls du marché » et les personnes les mieux placées pour le leur donner sont les unités d'affaires elles-mêmes. La présence d'un comité de marketing et de développement des affaires a souvent comme conséquence de créer une barrière artificielle, un filtre inutile, entre l'unité d'affaires et le personnel responsable du développement des affaires.

L'une des raisons qui expliquent le maintien de ces comités découle du fait que les professionnels et gestionnaires responsables du marketing, des communications et du développement d'affaires ne disposent pas d'un réel droit de regard ni d'une véritable autorité en regard des investissements qui sont consentis par les unités d'affaires et l'organisation dans des activités et des initiatives de marketing. Cela se comprend facilement quand on se rappelle que les cabinets d'avocats sont en fait un regroupement d'entrepreneurs qui, bien qu'ils se lient en sociétés en nom collectif à responsabilité limitée ou en sociétés par actions, n'en continuent pas moins de s'impliquer directement dans les décisions reliées à tous les aspects fonctionnels de leur organisation – de la comptabilité au recrutement en passant par l'acquisition et l'implantation d'outils technologiques.

Le jour viendra pourtant où les professionnels devront se consacrer entièrement à leur pratique et à leur développement de clientèle tout en laissant le soin aux gestionnaires qu'ils embauchent de bénéficier d'une réelle marge de manœuvre, tout en établissant des mécanismes d'imputabilité envers la haute direction.

2.1.3 *Distinguer le marketing des communications*

Le marketing et la communication sont deux disciplines distinctes bien qu'elles soient intimement inter-reliées lorsqu'il est question, entre autres, de développement d'affaires. À l'heure actuelle, la plupart des cabinets d'avocats se dotent de services qui combinent les responsabilités du marketing, des communications et du développement d'affaires. Au fur et à mesure, toutefois, de l'évolution et du raffinement des besoins dans chacune de ces disciplines, ces responsabilités devront être scindées en fonctions distinctes et dirigées par des gestionnaires spécialisés de chacune.

Ainsi, étant donné que la fonction marketing vise à soutenir « l'intelligence client » et « l'intelligence marché » (*market & client intelligence*) à l'intérieur d'un processus qui, dans le temps, vise à anticiper les besoins et les exigences de la clientèle, cette fonction devrait s'établir de façon distincte à l'intérieur des organisations professionnelles. Dans un tel cadre, la fonction marketing regroupera les responsabilités reliées principalement à la cueillette et à l'analyse de données primaires et secondaires par le biais de la recherche relative à la clientèle actuelle et potentielle dans les bases de données internes (systèmes financiers et comptables de l'organisation, par exemple) et externes (sources d'information sur Internet, entre autres), la recherche et les études associées aux marchés et aux industries cibles, le traitement et la cueillette d'information auprès de la clientèle existante et potentielle (entre autres, par sondage), et la veille concurrentielle. Les profils de compétence recherchés seront axés sur les capacités de recherche, d'analyse et de traitement de l'information et les habiletés de synthèse d'information seront fort utiles pour dégager rapidement et efficacement les pistes prometteuses de développement d'affaires.

La fonction communication devra regrouper des professionnels qui peuvent intervenir tant au niveau des enjeux stratégiques que tactiques et ce, tant à l'interne qu'à l'externe. Il y a beaucoup à faire pour positionner le rôle stratégique des communications sur le plan corporatif au sein des cabinets d'avocats. La fonction communication est trop souvent reléguée de nos jours à la production de documents de présentation. Or, l'importance d'établir et de solidifier le positionnement et la visibilité d'une organisation, s'établit dans un volet d'action global pour l'organisation faisant appel à une réflexion stratégique. Dans un tel contexte, il serait souhaitable qu'un gestionnaire cadre de la communication relève directement du plus haut dirigeant de l'organisation, en l'occurrence l'associé directeur d'un cabinet d'avocats.

En parallèle, le fait de pouvoir soutenir à l'aide d'outils et d'actions de communication interne et externe les initiatives de développement d'affaires qui résultent d'un processus marketing relève de considérations tactiques faisant appel à des ressources principalement dédiées à la coordination et à la production.

2.1.4 *Éviter l'association entre communication interne et ressources humaines*

Autre erreur fréquemment rencontrée dans plusieurs organisations et les cabinets d'avocats n'y échappent pas : le regroupement des responsabilités liées à la communication interne et aux ressources humaines. On estime à tort qu'un gestionnaire des ressources humaines peut gérer des enjeux stratégiques de communication interne. Or, en cette matière, l'apport de professionnels de la communication est hautement souhaitable car il y a là aussi une réflexion nécessaire à poser en termes de messages à développer, de publics cibles à distinguer, de moment de diffusion à établir et d'outils à développer.

3

Quelques conseils particuliers à l'intention des professionnels du marketing et des communications

Pour un professionnel du marketing et de la communication, l'attrait de se retrouver dans un cabinet d'avocats est indéniable car il offre une occasion en or de contribuer activement à l'essor et à la transformation d'une industrie.

Les organisations professionnelles, et particulièrement les cabinets d'avocats, recrutent de plus en plus de gestionnaires de ces disciplines en provenance d'une diversité d'industries pour les guider dans l'évolution de leurs stratégies et tactiques de développement d'affaires. Cette ouverture permet à ces gestionnaires de jouer un rôle d'agent de changement. Toutefois, des mises en garde s'appliquent pour ceux et celles qui s'y intéressent et qui veulent s'y impliquer.

3.1 Le premier contact avec les avocats – avez-vous encore des préjugés?

Qui n'a pas ces fameux préjugés envers les avocats : leur présumé caractère « prima donna », leur soi-disant facilité à piquer des sautes d'humeur, leur propension à croire qu'ils sont les maîtres du monde et qu'ils savent tout, leur apparente aisance financière qui se traduit souvent par une propension à vouloir épater la clientèle avec une invitation à un souper bien arrosé dans le restaurant le plus en vogue, ou encore par le caractère faste des aménagements des grands cabinets d'avocats, et ainsi de suite.

Je vous dirais que vous avez raison... et tort à la fois. Car toute organisation de tout secteur d'activités, qu'elle soit de nature publique ou privée, d'envergure locale, nationale ou internationale, est constituée d'êtres humains. La gamme des personnalités fortes et moins fortes s'y déploie tout autant que dans une organisation professionnelle, y compris dans un cabinet d'avocats.

Ce qui caractérise la profession en pratique privée, c'est peut-être le fait que les avocats ne sont pas toujours exposés concrètement aux réalités quotidiennes de la gestion d'une entreprise. Certains le sont plus que d'autres, de par la nature de leur pratique. C'est le cas, par exemple, de ceux et celles qui pratiquent en droit du travail ou en droit de l'emploi et qui ont à conseiller des gestionnaires en ressources humaines.

Autre observation : certaines personnalités ont plus d'affinités que d'autres avec des champs de pratique particuliers. Les avocats qui exercent leur profession en financement d'entreprise et qui s'impliquent dans des dossiers d'envergure ont tendance à avoir « la couenne plutôt dure ». Les fiscalistes, eux, sont plutôt portés sur les détails. Les plaideurs ont réponse à tout et tendance à argumenter plus facilement.

Aussi, n'enseigne-t-on pas aux jeunes que le droit mène à tout.

Toutes ces petites nuances en apparence bien anodines ne servent dans le fond qu'à illustrer à quel point les cabinets ont encore du chemin à faire avant d'abattre tous les préjugés à leur endroit. Au même titre que n'importe lequel des professionnels, c'est la matière grise qui constitue leur gagne-pain. Ils apprécient être stimulés intellectuellement par de nouvelles idées, et face à un professionnel de la gestion, des communications ou des ressources humaines par exemple, envers qui ils développent un respect mutuel et une relation de confiance, ils peuvent faire montre d'une franche ouverture à améliorer leurs propres façons de faire.

3.2 Développer sa propre crédibilité et établir des liens de confiance

Dès l'arrivée dans un cabinet d'avocats, il est souhaitable de tirer profit de toutes les occasions possibles pour établir ses liens de visibilité et de confiance. Si les occasions ne se présentent pas d'elles-mêmes, il est important de les provoquer, que ce soit par des réunions de secteurs professionnels ou de groupes de pratique, ou par des rencontres avec les professionnels. L'important

pour un gestionnaire qui se joint à une organisation professionnelle est d'apprendre à connaître sa clientèle interne, et à jauger
le niveau de ses besoins et de ses attentes de façon à y répondre
adéquatement. En retour, les professionnels apprennent eux
aussi à vous connaître et à vous faire confiance.

Parce qu'en fait, là résident plusieurs traits communs entre
le rôle d'un gestionnaire du marketing et des communications en
cabinet privé et le rôle d'un avocat :

- prendre le temps d'aller vers les professionnels et de les rencontrer en personne;

- se placer en mode d'écoute pour établir une relation d'échange
  sur ses intérêts, ses valeurs et également, sur sa pratique et
  ses clients;

- mettre en place les premières bases d'une relation basée sur la
  confiance réciproque et le travail d'équipe;

- faire valoir ses compétences par des résultats concrets, rapides et qui font la différence.

En fin de compte, le gestionnaire appelé à œuvrer au sein
d'une entreprise de services professionnels tire un aussi grand
bénéfice à s'investir personnellement et sincèrement dans le
développement de ses relations à l'interne qu'un professionnel du
droit ou de toute autre discipline en tire vis-à-vis de son développement d'affaires.

Conclusion

L'apport stratégique et tactique du marketing et de la communication au service du développement d'affaires dans l'industrie des services professionnels, et plus particulièrement des services juridiques, est en pleine évolution. D'un rôle axé historiquement et culturellement sur la publicité, le marketing est appelé à reprendre ses lettres de noblesse pour se préoccuper de l'essentiel : le développement de la «connaissance client et marché». Une connaissance qui sert aux professionnels à demeurer continuellement à l'affût des besoins et des exigences de leur clientèle de façon à lui offrir une qualité de services exceptionnelle, mais surtout à tisser des liens de confiance.

La communication est, elle aussi, appelée à déployer davantage tout son art. Autant dans sa vocation stratégique, pour conseiller et appuyer la direction d'une organisation professionnelle dans ses interventions internes et publiques, que dans sa vocation tactique, pour ce qui est de soutenir le développement d'affaires par des outils et des moyens personnalisés, la communication est appelée à occuper une place de choix pour permettre aux organisations professionnelles de mobiliser toutes leurs ressources dans l'atteinte de leurs objectifs d'affaires.

Les professionnels du marketing et de la communication jouissent par conséquent du privilège d'agir comme agent de changement. Au sein de l'industrie juridique, ils ont beaucoup à donner et à retirer du rôle qu'ils peuvent jouer pour soutenir l'évolution d'une organisation professionnelle. Comme on l'a vu dans la première partie de cet ouvrage, à l'instar de toutes les fonctions administratives, les professionnels du marketing et de la communication peuvent aussi servir de courroie de transmission au changement et contribuer à assurer la survie des cabinets. Comme on l'a vu également dans la deuxième partie de cet ouvrage, l'industrie juridique vit une intense et croissante concurrence en plus d'être envahie par différents mouvements de fond qui transformeront le fonctionnement et la structure des organisations.

Au travers la définition des concepts de marketing, de communication et de développement d'affaires qui est proposée dans le présent ouvrage, combinée aux quelques conseils pratiques et mises en situation qui y sont exposés, de même qu'aux pistes de réflexion qui y sont tracées, j'ai souhaité contribuer à alimenter les perspectives d'avenir de l'industrie des services professionnels, et plus particulièrement des services juridiques, tout en étant très consciente qu'à l'image d'un tableau qui prend forme avec chaque coup de pinceau qu'on lui donne, de nouvelles tendances viendront assurément en teinter le cours dans les années à venir.

Notes

1. L'avocat fait partie intégrante de notre système judiciaire. Il doit avoir à l'esprit non seulement la défense des intérêts de son client mais également les intérêts supérieurs de la justice et ceux du public. Au fil des ans, une législation et une réglementation relativement complexes sont venues définir le cadre juridique avec lequel devra composer le monde juridique.

    Au Québec, c'est le *Code des professions*[1] qui constitue ce cadre en prévoyant l'organisation du système professionnel et en précisant la mission des principaux intervenants concernés, dont les ordres professionnels, l'Office des professions, et le Tribunal des professions[2].

    C'est ainsi que le *Code des professions* a confié à l'Office des professions des pouvoirs spécifiques de surveillance et de directives à l'égard des ordres professionnels. L'article 87 de ce Code prévoit que le « Bureau d'un ordre professionnel doit adopter par règlement un code de déontologie imposant au professionnel des devoirs d'ordre général et particulier envers le public, ses clients, et sa profession, notamment celui de s'acquitter de ses obligations avec intégrité ». De façon encore plus précise, le paragraphe 5 de l'article 87 prévoit que le code de déontologie doit contenir « des dispositions énonçant des conditions, des obligations et, le cas échéant, des prohibitions quant à la publicité faite par les membres de l'ordre ».

    Le code de déontologie adopté par un ordre professionnel comme le Barreau du Québec doit notamment tenir compte de la mission principale qui lui est confiée. Cette mission est définie ainsi à l'article 23 du *Code des professions* :

    « Chaque ordre a pour principale fonction d'assurer la protection du public. À cette fin, il doit notamment contrôler l'exercice de la profession par ses membres ».

L'adoption du code de déontologie remonte au début des années 1980[3]. À cette époque existait également le *Règlement sur la publicité des avocats*[4] qui fut abrogé en 1991, les dispositions relatives à la publicité des avocats étant alors intégrées au code de déontologie[5].

Les articles 5.01 à 5.06 prévoient ce qui suit :

5.01 L'avocat ne peut faire, ou permettre que soit faite, par affirmation, comportement, omission ou quelqu'autre moyen une représentation fausse ou trompeuse.

5.02 L'avocat ne peut s'attribuer des qualités ou habiletés particulières, notamment quant à son niveau de compétence ou quant à l'étendue ou à l'efficacité de ses services professionnels, que s'il est en mesure de les justifier.

5.03 L'avocat qui fait de la publicité sur un tarif forfaitaire doit :
1o arrêter des prix déterminés;
2o préciser la nature et l'étendue des services professionnels inclus dans ce tarif et le cas échéant, des autres services qui sont inclus;
3o indiquer si les débours sont ou non inclus dans ce tarif;
4o indiquer si d'autres services professionnels pourraient être requis et ne sont pas inclus dans ce tarif.

Ces précisions et indications doivent être de nature à informer une personne qui n'a pas une connaissance particulière du domaine juridique.

Tout tarif forfaitaire doit demeurer en vigueur pour une période minimale de 90 jours après sa dernière diffusion ou publication.

L'avocat peut toutefois convenir avec le client d'un prix inférieur à celui diffusé ou publié.

5.04 L'avocat doit conserver une copie intégrale de toute publicité dans sa forme d'origine, pendant une période de 12 mois suivant la date de la dernière diffusion ou publication. Sur demande, cette copie doit être remise au syndic.

5.05 Toute publicité susceptible d'influencer des personnes qui peuvent être vulnérables du fait de la survenance d'un événement spécifique, ne peut être adressée qu'au public en général.

5.05.01 L'avocat qui exerce ses activités professionnelles au sein d'une société doit veiller à ce que la publicité faite par la société ou toute autre personne y exerçant ses activités, respecte, à l'égard des avocats, les règles prévues par la présente section.

5.06 Nul avocat ne peut, dans sa publicité, utiliser ou permettre que soit utilisé un témoignage d'appui ou de reconnaissance qui le concerne.

C'est donc dire que la publicité relative à l'avocat doit tenir compte du cadre législatif et réglementaire dont il est ici question.

Un manquement aux règles du *Code de déontologie* peut donner lieu à une plainte à l'encontre de l'avocat concerné devant le Comité de discipline[6]. La décision du Comité de discipline peut être portée en appel devant le Tribunal des professions[7] qui pourra rendre la décision jugée appropriée suivant les circonstances[8], [9].

1. L.R.Q., c. C 26.
2. Pour un examen plus détaillé de cette question, voir : « Précis de droit professionnel » des Éditions Yvon Blais, 2007.
3. R.R.Q. 1981, c. B-1, r. 1.
4. R.R.Q. 1981, c. B-1, r. 11. Le premier règlement concernant la publicité chez les avocats fut adopté en novembre 1976. Le *Règlement concernant la publicité du Barreau du Québec établissait certaines normes relatives notamment à la carte professionnelle et à la papeterie, aux médias d'information, et à la raison sociale des sociétés d'avocats*, A.C. 3999-76, 10 novembre 1976, *G.O.* 8 décembre 1976, Partie 2, page 7153. Ce règlement sera légèrement modifié par le *Règlement 1 modifiant le Règlement concernant la publicité du Barreau du Québec*, A.C. 2725-77, 17 août 1977, *G.O.*, 28 septembre 1977, Partie 2, page 5143.
5. Décret 1380-91, 9 octobre 1991, *Gazette officielle du Québec*, 23 octobre 1991.
6. Article 116 *Code des professions*.
7. Article 162 et s. *Code des professions*.
8. Article 175 *Code des professions*.
9. Voir aussi les « Opinions du Comité de déontologie » concernant certains sujets relatifs à la publicité www.barreau.qc.ca.

2. « *You* want happy clients? Ask *them* what they want », Management Focus, National Magazine, p. 18.

3. Traduction libre : « Faire affaire avec un client sans connaître ses besoins, c'est comme viser une cible les yeux bandés. »

4. Traduction libre : « Être à l'écoute du client procure un avantage stratégique à long terme. »

5. Brewer Business Development LLC.

6. *Law Firm Brand Tracking and Marketing Opportunities Survey* ™, Brewer Business Development LLC.

7. « Le marketing est le processus par lequel on planifie et effectue la conception, la fixation du prix, la promotion et la distribution d'idées, de biens et de services pour engendrer des échanges qui permettent d'atteindre des buts individuels et organisationnels. » (Traduction libre) (Définition du marketing approuvée par le conseil d'administration de la *American Marketing Association* le 1er mars 1985).

8. Le site de l'Organisme de coopération et de développement économique (OCDE), par exemple, donne accès à des statistiques et de l'information par thème et par région géographique. À l'échelle d'un pays, des sites gouvernementaux offrent également de l'information sur la démographie, les industries, les échanges commerciaux et les tendances économiques.

9. Certains sites Web fournissent un accès aux documents publics et aux renseignements déposés par les sociétés publiques auprès des autorités en valeurs mobilières. Les rapports annuels des sociétés publiques sont également disponibles sur leur site Web, le plus souvent dans une section identifiée aux Relations avec les investisseurs.

10. Les grands quotidiens nationaux, les parutions locales, les magazines et revues spécialisées, les répertoires Web dédiés à des industries spécifiques, figurent parmi les sources d'information à consulter.

11. Le Petit Larousse – Grand Format, 1995, p. 761.

12. Le Petit Larousse – Grand Format, 1995, p. 861.

13. *Law Firm Brand Tracking and Marketing Opportunities Survey* ™, Brewer Business Development LLC.

14. Google™ et Yahoo!™ sont des marques de commerce déposées.

15. Citons en exemples le réseau de télédiffusion de nouvelles en continu CNN et sa version Internet cnn.com, les réseaux de télédiffusion CBS, ABC et NBC, les magazines et journaux américains Time, Forbes, Business Week, The Economist et Wall Street Journal; au Canada, le quotidien francophone La Presse, le magazine Canadian Business, les grands réseaux de télédiffusion publics, tels que Radio-Canada et CBC, et privés, tel que TVA, les chaînes de nouvelles en continu RDI et LCN, les quotidiens anglophones Globe & Mail et National Post, le service de nouvelles ROB Tv.

16. Citons en exemples les médias américains New York Times et Washington Post; au Canada, les journaux Vancouver Sun, BC Business Magazine, Calgary Herald et Toronto Sun, l'hebdomadaire québécois Journal Les Affaires de même que son pendant Internet lesaffaires.com.

17. Citons en exemples les répertoires et sources d'information juridiques Martindale Hubble; au Canada, les magazines LEXPERT et Canadian Lawyer, le site Web francophone de nouvelles juridiques droit-inc.com, les magazines Canadian Architect, CA Management, Canadian Consulting Engineer.

18. Citons en exemples les magazines CEO Magazine, National Geographic, The Real Estate Media Network, Wired, CIO Canada, L'Actualité pharmaceutique, The Medical Post, Canadian Retailer, enRoute, People.

19. Citons en exemples les agences de presse mondiales Reuters, BBC, Associated Press, Agence France-Presse,

PR Newswire, la Presse Canadienne, Broadcast News et Canada News Wire.

20. *Supra*, note 1.

21. Le Petit Larousse – Grand Format, 1995, p. 556.

22. Andrew Sobel, *Making Rain – The Secrets of Building Life-long Client Loyalty*, John Wiley & Sons, Inc., 2002, pp. 12-20.

23. K. Potter, *Leading Change*, Harvard Business School Press, 1996, pp. 33-145.

24. John C. Maxwell, *Les 21 lois irréfutables du leadership*, GIED Editions, 1998, pp. 1-20.

25. Gretta Rusanow, Esq., *Knowledge Management and the Smarter Lawyer*, ALM Publishing, 2003, pp. 7-31.

26. Source : http://www.precisement.org/blog/article. Un blogue pour l'information juridique.

27. Source : http://www.cioinsight.com/c/a/Trends/Tehnology-Taking-Web-20-to-the-Legal-World.

28. *The firms were called the* **Big 8** *in the 1970s and 1980s, reflecting the international dominance of the eight largest accountancy firms : Arthur Andersen, Arthur Young & Company, Coopers & Lybrand, Ernst & Whinney, Deloitte Haskins & Sells, Peat Marwick, KPMG Group, Price Waterhouse, Touche ross. The Big 8 themselves were the results of earlier mergers.* Le scandale Enron en 2001 a mené à la chute de la firme Arthur Andersen, de sorte qu'aujourd'hui, quatre grandes firmes professionnelles comptables se partagent le marché de la vérification des sociétés publiques et privées à l'échelle mondiale. Il s'agit de : Ernst & Young, PricewaterhouseCoopers, Deloitte & Touche, KPMG. Source : Wikipedia.

29. "Multidisciplinary Partnerships : Version 2.0", By Marzena Czarnecka, LEXPERT® Magazine, May 2008, pp. 69-75.

30. « Quel Avocat pour le 21e Siècle? », ouvrage collectif sous la direction de Laurent Marlière, Éditions Bruylant, Bruxelles, 2001, 384 pages, ISBN 2-8027-1408-2. Au moment de la parution de cet ouvrage, Marc Vandemeulebroeke était avocat au Barreau de Bruxelles et associé senior au cabinet Bogaert & Vandemeulebroeke, fondé en 1997 mais qui s'est transformé en 2003 en Lawfort. En 2007, le cabinet bruxellois, autrefois considéré comme l'un des plus grands cabinets d'affaires en Belgique, a annoncé la liquidation de ses activités. L'article « La multidisciplinarité » de l'auteur Marc Vandemeulebroeke est tiré du site Internet http://www.avocat-tv.com.

Bibliographie

Joey Ascher, *Selling & Communication Skills for Lawyers – A Fresh Approach to Marketing Your Practice*, ALM Publishing, 2005.

John C. Maxwell, *Les 21 lois irréfutables du leadership – Suivez-les et les autres vous suivront*, GIED Editions, 2002.

Patrick J. McKenna et David H. Maister, *First Among Equals*, Free Press, 2005.

John K. Potter, *Leading Change*, Harvard Business School Press, 1996.

Jennifer J. Rose, *How to Capture and Keep Clients – Marketing Strategies for Lawyers*, ABA, 2005.

Gretta Rusanow, Esq., *Knowledge Management and the Smarter Lawyer*, ALM Publishing, 2003.

Andrew Sobel, *Making Rain – The Secrets of Building Lifelong Client Loyalty*, John Wiley & Sons, Inc., 2002.

Index analytique